Martin Schmidt-Kortenbusch (Hrsg.)

Materialien Ökumenische Gemeinschaft der Hoffnung – Kirche

Sekundarstufe II

Ernst Klett Verlag für Wissen und Bildung
Stuttgart · Dresden

Gedruckt auf Recyclingpapier,
hergestellt aus 100% Altpapier.

1. Auflage 1 5 4 3 2 1 | 1997 96 95 94 93

Alle Drucke dieser Auflage können im Unterricht nebeneinander benutzt werden, sie sind untereinander unverändert. Die letzte Zahl bezeichnet das Jahr dieses Druckes.

Satz und Druck: Wilhelm Röck, Weinsberg
Einbandgestaltung: Zembsch' Werkstatt, München
ISBN 3-12-268790-9

Inhalt

I. Sequenz: Sinnlosigkeits- und Einsamkeitserfahrungen Jugendlicher – Ausbruchsversuche und Aufbrüche

1 Gedicht eines Jugendlichen: Monotöne

Monotöne
Morgens um sechs
klingelt der Wecker.

Er wacht auf, denkt sich,
daß gerade dieser Tag
nichts bringen kann
– und zieht sich an.

Während er von Südfrankreich,
Wein und Selbständigkeit träumt,
werden die Zähne strahlend weiß
geschrubbt.

„Der Paradontose keine Chance!“

Mit den Butterbroten einer
fürsorglichen Mutter
bepackt radelt er zur Schule,
um diesen ewig gleichen Grimassen
ein fröhliches „Guten Morgen“
entgegenzuschleudern.

Nach einem anstrengenden Arbeitstag
sitzt man bei Freunden,
die einem nichts Neues
mehr bieten können, außer
die immer gleichen Gespräche,
über die immer gleichen
Alltagsdinge, wobei

jedem der Mut fehlt,
die eigene Mauer einzureißen.

Nur abends,
zwischen den Spätnachrichten der ‚Tagesschau‘
und dem Einschlafen,
kommt manchmal im Bierrausch der Gedanke,
trotz seiner achtzehn Jahre schon
zu viel verpaßt zu haben

Bernd Kuhlemeyer, 19 Jahre

2 Gedicht eines Jugendlichen: blendend

blendend
durch das blitzen der lichtorgeln blind
durch das hämmern der tausend-watt-boxen taub
durch das tanzen der eigenen füße lahm
irre ich einsam
durch eine dunkle, stille, bewegungslose welt
die ich nicht verstehe, weil sie so anders ist
Rolf Kaiser, 17 Jahre

3 Spiegel-Artikel: „Luzifer, Herr der Finsternis, höre uns!“

Spiegel-Reporter Hans-Joachim Noack über Satansjünger und „Schwarze Messen“ im Saarland

In den Morgenstunden „danach“ ähnelt er einem Menschen, der Schwerstarbeit hinter sich hat. Tief gebeugt, die ganze Person in einer seltsam anmutenden Schräghaltung, wie wenn er sich gegen stürmischen Seitenwind zu behaupten hätte, schlurft der Kraftfahrzeug-Mechaniker Werner K., 22, durch die Straßen Saarbrückens. Als er sich am Rande eines Kinderspielplatzes auf einer Bank niederläßt, wirkt er hinfällig und trotz seines martialischen Rocker-Outfits fast wie ein alter Mann.

„Stressig war das schon“, sagt er in schleppendem Tonfall nach einer Phase dumpfbrütenden Schweigens, während er die zur Faust geballten Finger der linken Hand fixiert. Seinem Machtanspruch gemäß hat er sich da die Buchstaben „K-i-l-l“ tätowieren lassen.

Aber nun zittert der langausgestreckte Arm. Sosehr sich Werner K. auch bemüht, seiner Gestalt jene angsteinflößende Aura zurückzugeben, die ihm sein „Auftrag“ angeblich diktiert, erscheint er nur noch als das, was er tatsächlich ist: ein Wrack, das mit zuckendem Kehlkopf und den Tränen nahe in schwerverständlichem Stakkato seinen „Haß auf die Welt“ zu begründen sucht.

Am Abend zuvor das Gegenbild. Auf der „Hirschwiese“, einem Waldstück in der Gemarkung des Saarbrücker Stadtteils Schafbrücke, steht er in der Pose des Rächers, triumphierend und stark. In der einen Hand hält er dabei einen bluttriefenden Dolch, in der anderen den noch flatternden Rumpf eines schwarzen Huhns, das gerade zu Tode gequält worden ist.

Am Fuße einer abgestorbenen, einstmals gewaltigen Eiche haben Werner und seine Freunde Peter, Albert und Tim, die ihm über Brüderschaftsrituale verbunden sind, eine Art Altar aufgebaut. Da es den Tag über stark geregnet hat, wird auf das übliche Feuer verzichtet, erhellen Kerzen und von Friedhöfen gestohlene Grablampen die gespenstische Szenerie.

Schwere Black-Metal-Musik quillt aus einem Radiokassettengerät, als der Zirkel, der sich mit Whisky, Bier und Hasch in Wallung bringt, seine Satansanbetung beginnt. „Luzifer, Herr der Finsternis“, schreit der „Chefpriester“ Werner in die Nacht hinaus, „höre uns!“

„Gott ist tot ... Maria, du fette Hure ... Bastard Jesus“, höhnt der Vorbeter, während seine bekiffte Gefolgschaft Kerzen zertrampelt. Um den Teufel, den „König der Welt und des Universums“, gnädig zu stimmen, wird das Huhn geopfert. Ihren Höhepunkt erreicht die makabre Fete, als Peter, ein 19jähriger arbeitsloser Lehrling, dem Leibhaftigen sein an Ort und Stelle in einer Schale gewonnenes Sperma weiht.

Der Rest ist Verharren in Selbstversunkenheit, Inbrunst, einer Gebärde statuarischer Regungslosigkeit, die den Eindruck erwecken soll, in die Körper und Seelen ströme nun der Geist des Antichristen ein. Werner wird später beteuern, er habe „die Macht des Herrschers, diese andere Dimension“, wieder mal deutlich in sich gespürt.

„Schwarze Messe“ heißt der Spuk, der da fast in Sichtweite einer stark befahrenen Ausfallstraße in regelmäßigen Abständen veranstaltet wird. Zuweilen sind es bis zu zwei Dutzend Jugendliche zwischen 16 und 23, die sich mal auf der „Hirschwiese“, mal in Nähe des „Schwarzenbergturms“ oberhalb der Universität in ihren Gruselkult einüben.

Der Teufel geht um. Bundesweit häufen sich die Nachrichten über einen Okkultismusboom der harten Sorte, über Grabschändungen und Tierquälereien, „Sexualmagien“. In Saarbrücken und Umland ist die Clique um den Kfz-Mechaniker Werner K. nur eine von überschlägig zehn, die in Kellern und Wäldern nächtens ihr Unwesen treiben.

Gelockert und ungeniert (und in keiner Weise zu unterscheiden von den eher im Diesseitigen verwurzelten Altersgenossen) sitzt der Satansjünger Peter nach der „Feier“ im „Drive-in“ von McDonald’s und läßt sich den obligaten Big Mac samt Cola schmecken. Daß er dem „Herrn“ sein „Ureigenstes“ dargebracht hat – „das mit dem Onanieren“, sagt er gemütlich kauend, „das muß sein“; er sei damit „nur den Gesetzen“ gefolgt.

Denn Peter ist – wie seine Sektenmitglieder – „ein Mensch, der den Glauben ernst nimmt“. Alles, was sich der Außenstehende nicht erklären könne, als abscheulich und pervers empfinde, nennt er lapidar „die Liturgie meiner Religion“, der er gehorsam entsprechen möchte. Mögen andere auf ihre Art selig zu werden versuchen: Der ehemalige Katholik setzt mit funkelnden Augen auf „die Macht des Bösen“, und er wiegt sich so in der frohen Gewißheit, „daß ich am Ende bei den Siegern bin“.

Wie sehr sich in der saarländischen Provinzhauptstadt die Untergrundkämpfer und selbsternannten Priester des „gefallenen Engels“ Luzifer mittlerweile ausgebreitet haben, läßt sich an vielen Orten besichtigen. Teufelsinsignien wie das „Pentagramm“, ein fünfzackiger auf der Spitze stehender Stern, oder das umgekehrte Kreuz, auch die magische Zahl „666“, finden sich seit Jahr und Tag an Häuserwänden, in Telephonzellen oder Hofeingängen.

„Satans Reich wird kommen, Pfaffe!“ drohte der aggressive Erweckungsstoßtrupp des Werner K. der katholischen Kirchengemeinde St. Johann per „öffentlicher Mitteilung“ an. (...)

Die Störung der Friedhofsruhe, exaltierte Gelage auf Gräbern bis hin zu den berüchtigten Aufnahmeritualen, in denen ein neu hinzugewonnener „Satano“ die Gebeine eines Verstorbenen auszubuddeln hat, werden vor allem aus Saarlouis, St. Ingbert und Merzig gemeldet. (...)

Spätestens seit nun sogar das SR-Fernsehen in einer Reportage authentisches Material vorgeführt hat, sind die Schauergeschichten aus der Okkultszene zum Stadtgespräch avanciert. Insbesondere unter den Eltern schulpflichtiger Kinder wächst die Besorgnis, und das zu Recht. Jetzt zeigt es sich offenbar, daß der anfangs eher bemäntelte Partyspaß – jene in Schülerkreisen beliebten Experimente wie das zur „Jenseitsbefragung" übliche Gläserrücken – nur die „Einstiegsdroge" gewesen ist.

Das saarländische Kultusministerium fühlt sich jedenfalls alarmiert und kündigt für den Herbst Aktionen an. Lehrer sollen dann in Fortbildungskursen über den Okkultismus aufgeklärt werden. Kollegen, die Physikunterricht erteilen, wird nach den Plänen des Referenten für schulformübergreifende pädagogische Angelegenheiten, Hartmut Walla, auferlegt, „die Phänomene als rundum irdische Gesetzmäßigkeiten zu entlarven".

Sicher spricht vieles dafür, daß die in Satanszirkeln kursierenden Horrorstories von Menschenopfern oder zumindest vom rätselhaften Verschwinden mißliebiger Sympathisanten weit überzogen sind. Was aber als gesichert gelten kann, reicht schon aus, ein schlichtes Durchschnittsgemüt in Erregung zu versetzen.

Die Geschichte etwa des Werner K., der auf eine fünfjährige Karriere als „Chefpriester" und „über hundert Schwarze Messen" zurückblicken kann, wäre durchaus ein Fall für den Staatsanwalt. Denn „weil die Gesetze nun einmal so sind", hat der „Auserwählte des Teufels" in dieser Zeit nicht nur zahllose Hühner und Katzen auf viehische Weise umgebracht. Seine „Luziferkaner" stehen zugleich für Vandalismus auf Friedhöfen und schließlich für Sexorgien, die zum Teil an den Tatbestand der Vergewaltigung heranreichen. (...)

Wie sehr die Strafverfolgungsbehörden insgesamt sich scheuen, dieser „Grauzonen-Problematik" zu Leibe zu rücken, hat auf einer Tagung auch der Chefarzt Rolf Grenner, Leiter der Klinik für Kinder- und Jugendpsychiatrie im saarländischen Kleinblittersdorf, erfahren. „Die Justiz will da nicht ran" – die Abwehr der ärgsten Auswüchse bleibe an den Kirchen, den Pädagogen, notfalls den Medizinern und Psychologen hängen.

Grenner spricht von einer Entwicklung, die er zwar nicht dramatisieren möchte, die ihn aber doch ziemlich erschreckt. Jüngstes Beispiel für seine Befürchtungen, daß okkulte Praktiken Physis und Psyche labiler Menschen schwerwiegend zu beeinträchtigen vermögen, war dabei der stationäre Aufenthalt einer jungen Frau. Tagelang behandelte er die tief verstörte Scheinschwangere, um deren Behauptung zu widerlegen, sie erwarte ein Kind „vom Satan".

Die Patientin erklärte sich für „geheilt" und entschwand überstürzt – nach Auffassung Grenners, um in ihren Zirkel zurückzukehren. Denn „von der Psychodynamik her", glaubt der Chefarzt, liege hier häufig eine Verhaftung vor, „die der Suchtentwicklung ähnlich ist". Und hinzu kommt der gewaltige Gruppendruck. Wer sich erst einmal in die Fänge von Teufelsvereinigungen hineinbegeben hat, lebt in ihnen in aller Regel wie in Gefangenschaft.

Selbst ein Mann vom Range des Werner K. kann sich da keineswegs sicher sein. Schon der Verdacht, er habe dem saarländischen Fernsehen Informationen zukommen lassen, reichte aus, ihm eine Lektion zu erteilen. „Im Namen des Herrn" schlug und trat ihn „eine Abordnung aus dem Hinterland" (Werner) derart zusammen, daß er einen Augenblick lang um sein Leben fürchtete.

Aber trotz fortdauernder Schmerzen und eines Auges, das sich zur Zeit ins Blaugrüne verfärbt, bringt er für die brutale Attacke auch „irgendwie" Verständnis auf.

Monoton kommt der immer gleiche Satz, der der gesamten Bewegung offenbar ihren inneren Zusammenhalt garantiert: Das seien nun mal so „die Gebote, Ordnung muß sein, und im Recht ist, wen der Teufel stark gemacht hat“.

Deutlich schwingt in dieser Primitiv-Philosophie die zentrale Botschaft des geistigen Vaters aller neosatanischen Sekten, des Briten Aleister Crowley (1875 bis 1947), mit. Dessen Gewißheit „Es gibt kein Gesetz außer: Tu, was du willst“ zielt schonungslos auf Hackordnung, auf die schiere Macht, die sich nicht legitimieren muß.

Bezogen auf den finsteren Saarbrücker Mikrokosmos heißt der Grundsatz, daß der jeweils Stärkste dem Beelzebuben am nächsten ist. Der Metzger „Steffi“ steht so über dem Kfz-Mechaniker Werner – dem sich seinerseits der ehemalige Klempnerlehrling Peter bewußt unterwirft.

„Ohne Frage“, sagt Peter bei McDonald’s, sei der Werner für ihn „der Boß, aus dem der Satan spricht“. Weise ihn der Werner also zum Beispiel an, er habe zu onanieren, „mach’ ich es“. Begehre der Werner bei einer Messe seine Freundin, falle ihm das zwar schwer, „aber meine Religion verlangt es so“.

Mag sein, daß sich in dieser von Rockern und Punks dominierten Gruppe ein Ritual auch der lustvollen Selbstbestrafung herausgebildet hat, das nicht repräsentativ zu nennen ist. Gemein aber scheint allen Gruppen eine klar gegliederte Hierarchie zu sein, in der sich die Sehnsucht nach Führung niederschlägt.

Wo alles wankt und schwankt, sich verzehrt oder zumindest schlapp daherkommt, fasziniert die unbesiegbar starke Kraft, selbst wenn sie die Kraft des Bösen ist. „Power, Power, Power“ heißt die elektrisierende Zauberformel. Daß er sich aus der ernüchternden Realität in den platten Mystizismus geflüchtet hat, schwant dem 19jährigen Peter „irgendwo“ schon, doch er findet es eben „geil“, einer Macht verfallen zu sein, die die Welt ja ohnehin „überall in den Griff kriegt“.

Sind das nur die destruktiven Phantasien einer krassen Minderheit, die, wie der Klüngel um Werner K. einem resignierenden Unterschichten-Milieu entstammt? Im Saarland sieht es tatsächlich so aus, als rekrutiere sich der Kern der schwarzen Zunft aus jener perspektivlosen, verelendeten Jugend, die sich um ihre Träume betrogen fühlt.

Der „Chefpriester“, Sohn eines Zuhälters, erinnert sich auf dem Kinderspielplatz, daß er zwölf war, als ihn „die große Enttäuschung überfiel“. Ein Haß stieg da in dem jungen Katholiken plötzlich auf, der vor allem den „extremen Christen“ galt. Die Erlösung versprach ihm fünf Jahre danach „Satan, mein Herr“, dem er nun zwanghaft dienen muß. (...)

Aus: „Spiegel“ Nr. 31/1988

4 Eine neue Welle – Information über Aberglauben

Seit einigen Jahren hat der Aberglaube bei uns wieder gute Konjunktur.

- 54 % aller Bundesbürger lesen regelmäßig ihr *Horoskop*. Horoskope geben Ratschläge für Geschäfte und Reisen, führen Liebende zusammen, ermuntern und warnen.
- *Kartenleser, Hellseher, Handleser* finden großen Anklang.
- *Wahrsager* geben mit alten Pendeln und neuen Computern vielen Menschen, darunter prominenten Politikern, Sportlern und Stars, Auskunft über die Zukunft.
- *Geistheiler* versprechen Kranken Gesundheit, indem sie ihnen z. B. die Hände auflegen, intensiv in die Augen schauen oder den Körper streicheln.
- Viele Leute behaupten, sie erinnerten sich an ein früheres Leben und erwarten nach dem Tod ihre *Wiedergeburt.*
- *Spiritistische Sitzungen* (Séancen) mit allerlei Zauber finden großen Zuspruch.
- Viele Menschen lassen sich durch *Teufelsspuk* und *Satanskult* erschrecken und zu schlimmen Taten hinreißen.

Aberglauben hat es immer gegeben. Schon in der Steinzeit malten Jäger Tierbilder als Zaubermittel in ihre Höhlen, um die Tiere in ihre Gewalt zu bringen. Die Griechen hatten berühmte Wahrsager und Zauberer. Die Priester der Römer deuteten aus dem Flug der Vögel, aus der Form der Tierleber, aus dem Gackern der Hühner die Zukunft. Im Mittelalter und noch in der beginnenden Neuzeit hielt man viele Frauen für Hexen, nur weil sie besonders klug oder schön waren. Man machte ihnen den Prozeß und tötete sie. Die Kirche war an diesen Untaten beteiligt. Aber es waren auch Männer der Kirche, wie Friedrich Spee (1591–1635), die diesen Aberglauben erfolgreich bekämpften.

Der Aberglaube kommt und geht in Wellen. Immer bildet er für die Menschen eine Gefahr. In ruhigen Zeiten, in denen die Menschen auf Gott und ihre Vernunft vertrauen, ist er schwächer. Aber wenn die Menschen in großer Unsicherheit leben, Angst vor der Zukunft haben oder den Glauben an Gott verlieren, tritt er stärker auf.

Worterklärungen

Aberglaube: Aber-glaube = verkehrter Glaube, falsche Glaubenshaltung.
Esoterik (von griech.: nach innen): macht „nach innen“ einem Kreis von Eingeweihten merkwürdige und unerforschte Dinge zugänglich, die „nach außen“ von normalen, allgemein anerkannten Lehren und Handlungen abweichen.
Magie: Versuch, übernatürliche Kräfte durch bestimmte Riten und Formeln in den Griff zu bekommen und für sich verfügbar zu machen.
Okkultismus (von lat.: geheim, verborgen): Lehre von übersinnlichen Erscheinungen der Natur und der Seele; Versuch, sich mit Hilfe von Techniken, die von den Wissenschaften nicht anerkannt werden, angeblich geheime Kräfte der Welt dienstbar zu machen.
Spiritismus (von lat.: Geist): Lehre von den Beziehungen der Lebenden zu den Geistern der Toten und von den Medien, die den Kontakt zum Jenseits herstellen.

Aus: W. Trutwin u. a. (Hrsg.), Wege des Glaubens

5 Karikatur von Werner Küstermacher

»Ach, mach halt mit! Ist doch nur ein bißchen okkultistische Spielerei.«

II. Sequenz: Erfahrungen mit Kirche damals und heute – Konflikte und Entwürfe

6 Karikatur von Claude Bernard

Aus: Publik-Forum Nr. 18/1987

7 Knut Walf, Warum verlassen heute so viele Menschen die Kirche?

„Extra ecclesiam salus“: Noch ist diese Umkehrung des alten kirchentheologischen Prinzips („Außerhalb der Kirche kein Heil“) nicht zum Slogan oder gar zum Schlachtruf geworden. Aber sicher muß man sagen: Das Verlassen der Kirche wird nicht einfach als ein Negativum, nicht als Verlust, sondern eher als Gewinn für die „salus“ des einzelnen erfahren, also für sein Seelenheil, wie die alte Übersetzung lautet. Zunächst könnte dadurch angedeutet werden, daß die Kirche ihr bisheriges Monopol in Sachen Seelenheil und Religion verloren hat, ja vielleicht verwirkt hat. Nun hat es zu allen Zeiten der Kirchengeschichte Individuen und Gruppen gegeben, die sich, unter welchen Vorzeichen auch immer, von der Kirche getrennt haben. Kennzeichnend für die heutige breite und zudem diffuse Ablösungsbewegung ist jedoch folgendes: Sie geht beinahe lautlos vor sich, also ohne großes Protestgeschrei. Sie ist keine Opposition gegen die Kirche und deshalb wohl auch so schwer begreiflich für die Kirchenleitungen. Ferner verlaufen diese Ablösungsprozesse in Raten, oft unmerklich selbst für jene, die sich da abwenden. Schließlich gehen nicht allein diejenigen weg, die überhaupt nichts mehr mit Kirche und Religion im Sinne haben, sondern häufig genug auch solche, die eine andere Kirche ersehnen und nicht selten viel Zeit und Kraft darin investiert hatten, die reale Kirche zu verändern.

Neben den sogenannten Lauen oder kirchlich wie religiös nicht Ansprechbaren verlassen heute in großer Zahl jene die Kirche, die religiös und spirituell besonders interessiert sind. Aber auch sie vermeiden es meistens, den Bruch mit der Kirche rechtlich zu vollziehen.

Was aber suchen Menschen, die die Kirche verlassen, außerhalb deren Mauern? Für die *religiös Gleichgültigen* kann die Kirche mit ihrem Wochenendbetrieb in der Konkurrenz zu anderen Angeboten sicher nicht mithalten. Auch die gelegentlichen Versuche, Gottesdienst und Geselligkeit miteinander zu verbinden, vermögen da nicht anzulocken. Man sollte darum nicht außer acht lassen, was die Menschen nun anderswo suchen: das Erleben der Natur, Sport und Spiel, vielleicht Gespräche mit Freunden und Gleichgesinnten, mit dem Ehepartner und den Kindern. Bei beinahe allen diesen und ähnlichen Formen sonntäglicher Beschäftigung können sich Leib und Seele betätigen, werden aktiviert. Das Erleben der Stille wie das Erfahren des oder der anderen stehen häufig im Mittelpunkt dieser Zeit. Und genau all dies bietet die Kirche nicht, obgleich sie es könnte, ja gemäß ihrem Auftrag anbieten sollte.

Statt der Natur findet man in der christlichen Kirche den Muff des alten oder die Sterilität des modernen Kirchenbaus. Statt der Stille begegnet man dem inflationären Druck der Wörter, deren Woge die Menschen über sich ergehen lassen müssen. Der zwischenmenschliche Kontakt hat in der Feier der Kirche keinen Platz, ist allenfalls in Zeichen, wie jenem des Friedensgrußes oder der allzu zahlreichen rituellen Zurufe des Priesters, liturgisch gebändigt. Statt von den lichten Seiten des Lebens hört man in der Kirche immer noch zuviel vom Ernst des Lebens und des Todes. Das Leben aber der Menschen hier und heute hat mit dem Gottesdienst, mit seiner Sprache, seinen Riten kaum etwas gemeinsam ...

Man wird also auch dem nachzugehen haben, was Menschen anstelle des sonntäglichen Gottesdienstes an nicht ausdrücklich religiösen Erlebnissen anderswo suchen. Dabei läßt sich vermutlich sehr schnell feststellen, daß sich die Kirche in ihren religiösen Ausdrucksformen von den Menschen dieser Zeit weitgehend entfremdet hat. In ihrer Vorstellung vom durchschnittlichen Kirchenangehörigen ist sie in einer fernen Vergangenheit hängengeblieben. Noch immer wird etwa davon ausgegangen, daß sich im Gottesdienst eine relativ konsistente Gemeinschaft von gleichgesinnten „Brüdern und Schwestern“ versammelt. Zu wenig wird der Notwendigkeit Rechnung getragen, daß jene ja erst ins Gespräch kommen müßten, um sich gegenseitig verstehen oder auch ablehnen zu können.

Es verlassen die Kirche aber auch die *religiös ansprechbaren* Menschen, und zwar in steigender Zahl. Ein Phänomen, das es in der Kirchengeschichte zweifelsohne auch immer wieder gegeben hat. Dennoch ist es nun für eine Kirche, die wähnt, durch ihre starke institutionelle, bürokratische und nicht zuletzt finanzielle Macht ein Monopol in Religion zu besitzen, ein neuartiges Phänomen, auf das sie verunsichert reagiert. Zu viele der nach Verwirklichung drängenden Ideale der Abwanderer stehen in deutlichem Kontrast zu heutigen Werten der Kirche. Es seien einmal einige genannt: Eine schlichte, einfache, „franziskanische“ Religiosität – oder wie immer man das nennen will – steht diesen Menschen vor Augen. Eine finanzstarke, zudem nicht selten um Geld bettelnde Kirche erscheint solchen Menschen fremd, ja suspekt. Nicht selten mögen damit sozialistische Ideale (gemeinsamer Besitz) verbunden sein, die man ja auch in gewissen Bereichen der Kirche, etwa in einigen Orden, antreffen kann. An den religiösen Gemeinschaften könnten ferner gewisse rudimentärdemokratische Strukturen und Ordnungsvorstellungen faszinieren. (...)

Auch hier müssen wir uns fragen, was diese Menschen außerhalb der Kirche suchen. Nun, sicher alles das, was sie in ihr nicht zu finden scheinen. Der Hauptgrund aber ist zweifelsohne das Verlangen, sich religiös nicht mehr bevormunden zu lassen.

Was heute den Kirchen not tut, kann wohl so zusammengefaßt werden:

Zum einen müßte erkannt, aber auch anerkannt werden, daß es sich um eine evolutive Veränderung des religiösen Bewußtseins handelt. Alle Indizien sprechen dafür.

Zum anderen müßte insbesondere durch die Repräsentanten der Kirchen erkannt werden, daß es sich um einen wohl schmerzhaften, aber doch Hoffnung schenkenden Prozeß handelt. Ebenso wie Revolutionen bedingen auch Evolutionen Destabilisierungen bestehender Systeme, doch fegen sie sie nicht hinweg. Was stark und lebensfähig ist, hat die Chance, in die neuen Formen hineinzuwachsen, aufgenommen oder adaptiert zu werden. Evolutionen sind von außen kaum zu steuern, sicher nicht durch die alten, häufig verschlissenen Kräfte oder Autoritäten. Es ist tödlich, sich diesen Entwicklungen zu widersetzen, aber sicherlich auch, sich ihnen völlig anzupassen.

Aus: W. Trutwin (Hrsg.), Forum Religion 4

8 Plakat der Informations- und Pressestelle der Ev.-Luth. Landeskirche in Braunschweig

9 Apostelgeschichte 2,42 – 47 und 4,32 – 35: Die erste Christengemeinde

2,42 – 47

42 Sie hielten an der Lehre der Apostel fest und an der Gemeinschaft, am Brechen des Brotes und an den Gebeten.
43 Alle wurden von Furcht ergriffen; denn durch die Apostel geschahen viele Wunder und Zeichen. 44 Und alle, die gläubig geworden waren, bildeten eine Gemeinschaft und hatten alles gemeinsam. 45 Sie verkauften Hab und Gut und gaben davon allen, jedem so viel, wie er nötig hatte. 46 Tag für Tag verharrten sie einmütig im Tempel, brachen in ihren Häusern das Brot und hielten miteinander Mahl in Freude und Einfalt des Herzens.
47 Sie lobten Gott und waren beim ganzen Volk beliebt. Und der Herr fügte täglich ihrer Gemeinschaft die hinzu, die gerettet werden sollten.

4,32 – 35

32 Die Gemeinde der Gläubigen war ein Herz und eine Seele. Keiner nannte etwas von dem, was er hatte, sein Eigentum, sondern sie hatten alles gemeinsam.
33 Mit großer Kraft legten die Apostel Zeugnis ab von der Auferstehung Jesu, des Herrn, und reiche Gnade ruhte auf ihnen allen. 34 Es gab auch keinen unter ihnen, der Not litt. Denn alle, die Grundstücke oder Häuser besaßen, verkauften ihren Besitz, brachten den Erlös 35 und legten ihn den Aposteln zu Füßen. Jedem wurde davon so viel zugeteilt, wie er nötig hatte.

Aus: Neue Jerusalemer Bibel

10 Apostelgeschichte 15,1 – 33: Der Apostelkonvent in Jerusalem

Streitfrage in Antiochia

1 Es kamen einige Leute von Judäa herab und lehrten die Brüder: Wenn ihr euch nicht nach dem Brauch des Mose beschneiden laßt, könnt ihr nicht gerettet werden. 2 Nach großer Aufregung und heftigen Auseinandersetzungen zwischen ihnen und Paulus und Barnabas beschloß man, Paulus und Barnabas und einige andere von ihnen sollten wegen dieser Streitfrage zu den Aposteln und den Ältesten nach Jerusalem hinaufgehen. 3 Sie wurden von der Gemeinde feierlich verabschiedet und zogen durch Phönizien und Samarien; dabei berichteten sie den Brüdern von der Bekehrung der Heiden und bereiteten damit allen große Freude.
4 Bei ihrer Ankunft in Jerusalem wurden sie von der Gemeinde und von den Aposteln und den Ältesten empfangen. Sie erzählten alles, was Gott mit ihnen zusammen getan hatte.

Streitfrage in Jerusalem

5 Da erhoben sich einige aus dem Kreis der Pharisäer, die gläubig geworden waren, und sagten: Man muß sie beschneiden und von ihnen fordern, am Gesetz des Mose festzuhalten. 6 Die Apostel und die Ältesten traten zusammen, um die Frage zu prüfen. 7 Als ein heftiger Streit entstand, erhob sich Petrus und sagte zu ihnen:

Die Rede des Petrus

Brüder, wie ihr wißt, hat Gott schon längst hier bei euch die Entscheidung getroffen, daß die Heiden durch meinen Mund das Wort des Evangeliums hören und zum Glauben gelangen sollen. 8 Und Gott, der die Herzen kennt, bestätigte dies, indem er ihnen ebenso wie uns den Heiligen Geist gab. 9 Er machte keinerlei Unterschied zwischen uns und ihnen; denn er hat ihre Herzen durch den Glauben gereinigt. 10 Warum stellt ihr also jetzt Gott auf die Probe und legt den Jüngern ein Joch auf den Nacken, das weder unsere Väter noch wir tragen konnten? 11 Wir glauben im Gegenteil, durch die Gnade Jesu, des Herrn, gerettet zu werden, auf die gleiche Weise wie jene.

12 Da schwieg die ganze Versammlung. Und sie hörten Barnabas und Paulus zu, wie sie erzählten, welch große Zeichen und Wunder Gott durch sie unter den Heiden getan hatte.

Die Rede des Jakobus

13 Als sie geendet hatten, nahm Jakobus das Wort und sagte: 14 Brüder, hört mich an! Simon hat berichtet, daß Gott selbst zuerst eingegriffen hat, um aus den Heiden ein Volk für seinen Namen zu gewinnen. 15 Damit stimmen die Worte der Propheten überein, die geschrieben haben:

16 Danach werde ich mich umwenden und die zerfallene Hütte Davids wieder aufrichten; ich werde sie aus ihren Trümmern wieder aufrichten und werde sie wiederherstellen,

17 damit die übrigen Menschen den Herrn suchen, auch alle Völker, über denen mein Name ausgerufen ist – spricht der Herr, der das ausführt,

18 was ihm seit Ewigkeit bekannt ist.

19 Darum halte ich es für richtig, den Heiden, die sich zu Gott bekehren, keine Lasten aufzubürden; 20 man weise sie nur an, Verunreinigungen durch Götzen(opferfleisch) und Unzucht zu meiden und weder Ersticktes noch Blut zu essen. 21 Denn Mose hat seit ältesten Zeiten in jeder Stadt seine Verkündiger, da er in den Synagogen an jedem Sabbat verlesen wird.

Das Schreiben der Apostel

22 Da beschlossen die Apostel und die Ältesten zusammen mit der ganzen Gemeinde, Männer aus ihrer Mitte auszuwählen und sie zusammen mit Paulus und Barnabas nach Antiochia zu senden, nämlich Judas, genannt Barsabbas, und Silas, führende Männer unter den Brüdern. 23 Sie gaben ihnen folgendes Schreiben mit: Die Apostel und die Ältesten, eure Brüder, grüßen die Brüder aus dem Heidentum in Antiochia, in Syrien und Zilizien. 24 Wir haben gehört, daß einige von uns, denen wir keinen Auftrag erteilt haben, euch mit ihren Reden beunruhigt und eure Gemüter erregt haben. 25 Deshalb haben wir uns geeinigt und beschlossen, Männer auszuwählen und zusammen mit unseren lieben Brüdern Barnabas und Paulus zu euch zu schicken, 26 die beide für den Namen Jesu Christi, unseres Herrn, ihr Leben eingesetzt haben. 27 Wir haben Judas und Silas abgesandt, die euch das Gleiche auch mündlich mitteilen sollen. 28 Denn der Heilige Geist und wir haben beschlossen, euch keine weitere Last aufzuerlegen als diese notwendigen Dinge: 29 Götzenopferfleisch, Blut, Ersticktes und Unzucht zu meiden. Wenn ihr euch davor hütet, handelt ihr richtig. Lebt wohl!

Die Abgesandten in Antiochia

30 Man verabschiedete die Abgesandten, und sie zogen hinab nach Antiochia, riefen die Gemeinde zusammen und übergaben ihr den Brief. 31 Die Brüder lasen ihn und freuten sich über die Ermunterung.

32 Judas und Silas, selbst Propheten, sprachen ihnen mit vielen Worten Mut zu und stärkten sie. 33 Nach einiger Zeit wurden sie von den Brüdern in Frieden wieder zu denen entlassen, die sie abgesandt hatten. (34) 35 Paulus aber und Barnabas blieben in Antiochia und lehrten und verkündeten mit vielen anderen das Wort des Herrn.

Aus: Neue Jerusalemer Bibel

11 Heinz Zahrnt, Das Dilemma der Kirche

Längst hat die Theologie es historisch erkannt und theologisch anerkannt: *Jesus von Nazareth hat keine Kirche gegründet.* Jesu Sendungsbewußtsein griff in seinem Anspruch weiter und realisierte sich zugleich in seinem Auftreten zufälliger. Die neutestamentlichen Evangelien, wenigstens die ersten drei, beschreiben Jesu Sendung und Wirksamkeit in fast gleichlautenden Sätzen so: „Und Jesus ging umher im ganzen galiläischen Land, lehrte in ihren Synagogen und predigte das Evangelium von dem Reich und heilte allerlei Krankheit und Gebrechen im Volk ... Und es folgte ihm nach viel Volks aus Galiläa, aus den Zehn Städten, von Jerusalem, aus dem jüdischen Lande und von jenseits des Jordan." (Matthäus 4,23 – 25; Markus 1,28.32 – 34; Lukas 4,14 f.)

In diesen Sätzen ist nicht von der Stiftung einer durch die Zeiten dauernden Kirche die Rede, sondern von einer *endzeitlichen Sammlungsbewegung.* Nicht irgendeine weitere religiöse Organisation soll entstehen und dann eines Tages auch wieder vergehen, sondern das Reich Gottes soll endgültig hereinbrechen. Dafür sammelt Jesus jetzt die Menschen, und er hat es eilig damit, denn es ist höchste Zeit: Das Kommen des Reiches Gottes steht unmittelbar bevor, ja es ist schon im Gange. „Wahrlich, ich sage euch: Dieses Geschlecht wird nicht vergehen, bis daß dies alles geschieht" (Matthäus 24,34) – das gibt die Stimmung wieder, die in der Umgebung Jesu und in der Urgemeinde geherrscht hat. Jesus hat mit dem Kommen des Reiches Gottes noch in dieser Generation gerechnet und die Urgemeinde mit seiner Wiederkunft schon in allernächster Zeit (...)

Angesichts solcher „Naherwartung" war für eine Kirche keine Zeit mehr.

(...) Der entscheidende Schade der Kirche liegt nicht darin, daß sie meistens, so oder so, hinter ihrer Zeit her ist, sondern daß sie ständig hinter der Sache Jesu, dem Reiche Gottes, zurückbleibt. Das Reich Gottes gilt nun einmal zu Recht als der Maßstab, an dem die Kirche auf Grund ihres geschichtlichen Ursprungs zu messen ist. Und so erscheint die Kirche als ein „notwendiges Übel": Ein *notwendiges* Übel, weil es ohne sie die Sache Jesu gar nicht mehr gäbe – ein notwendiges *Übel* aber, weil jede kirchliche Institution, auch die beste, hoffnungslos hinter dem Reiche Gottes zurückbleibt und weil jeder kirchliche Lehrsatz, auch der paradoxeste, die Fülle der göttlichen Offenbarung nur unzureichend zu fassen vermag. (...)

Aus: Heinz Zahrnt, Warum ich glaube

Wenn wir an „Gemeindegründungen“ in der Urchristenheit denken, können wir uns das nicht konkret und plastisch genug vorstellen. Denn auch die ersten christlichen Gemeinden bestanden aus Menschen, aus begabteren und weniger begabten, aus gebildeteren und weniger gebildeten, aus frömmeren und aus weniger frommen.
Wollten Menschen, die mit der Jesusbewegung sympathisierten, eine Gemeinde gründen, taten sie das in Anlehnung an Modelle, wie sie sie in der Umwelt vorfanden, wo sie sich auch schon bewährt hatten.

Modell Synagoge

Da ist zuerst einmal – besonders in der jüdischen Welt – das Modell der Synagoge. Damit ist nicht nur das Gebäude gemeint, wo sich die jüdischen Frommen zum Gebet und zum Studium der Tora (Gesetz) einfanden. Jede Gebetsversammlung ist Synagoge. (Das griechische Wort „Synagoge“ bedeutet ja „Zusammenführung“, „Versammlung“.) Nicht nur das: mit „Synagoge“ konnte man auch die Sammlung oder die Gemeinde der ortsansässigen Juden bezeichnen. Diesen Gebrauch des Wortes kennt auch das Neue Testament (vgl. Apg. 6,9; 9,2; Offb. 2,9; 3,9).
Wie hatten die Juden ihre Synagoge organisiert? Das kommt darauf an. In Palästina, wo die Ortsgemeinde und die religiöse Gemeinde zusammenfielen, war der Ortsvorstand mit dem Synagogenrat identisch. Dieser bestand meist aus sieben „Ältesten“ (griechisch: Presbyter); ihnen oblag die Verwaltung der Synagoge. Man darf annehmen, daß die Synagoge (als Gebäude) ursprünglich den allgemeinen öffentlichen Zwecken der Gemeinde diente, also eigentliches „Gemeindehaus“ war, bevor sie sich zu einem ausschließlich religiösen Mittelpunkt entwickelte.
Bestand eine Ortsgemeinde – in der Diaspora z. B. – aus einer religiös gemischten Bevölkerung oder gab es in der Ortsgemeinde – weil sie zahlenmäßig groß war – mehrere Synagogen, so hatte jede Synagoge und die dazugehörige synagogale Gemeinde ein eigenes Leitungsgremium aus drei Mitgliedern. Die Mitglieder dieses Leitungsgremiums waren nicht mit den Synagogenbeamten identisch. Das Gremium hatte eher die Oberaufsicht über die Beamten. (...)
Eigentliche Beamte (Ämter) gab es in der Synagoge nur zwei: den Synagogen-Vorsteher und den Synagogen-Aufseher. Sie wurden alljährlich von der Gemeinde gewählt. Andere Funktionen wurden von Mitgliedern der Gemeinde wechselweise wahrgenommen: Vorbeter, Vorleser, Dolmetscher, Prediger. Da diese Aufgaben je verschiedene Anforderungen an die Kompetenz der Träger stellten, ergab sich eine gewisse Rangfolge unter diesen von selbst. Wer nur aramäisch oder griechisch konnte, wird auch nicht erwartet haben, daß er im Gottesdienst zum Dolmetscher für die heiligen hebräischen Texte bestimmt wurde.
Der wichtigste Beamte der Synagoge war der *Synagogenvorsteher.* Im Neuen Testament wird er Archisynagogos genannt. Er benannte die Gemeindemitglieder, die bestimmte Funktionen übernehmen sollten. Als Vorleser oder Lektor trat er nur auf, wenn er selber von der Gemeinde ausdrücklich dazu aufgefordert wurde; denn diese Ehre durfte sich niemand selber zulegen. Ferner oblagen dem Synagogenvorsteher die Bauaufsicht und die Verwaltung der Synagoge, so daß er meist gleichzeitig Mitglied des Synagogenrates war.

Kurz und gut: er hatte über das ganze Unternehmen „Synagoge“ eine Art Oberaufsicht, obwohl er selber auch immer dem Ältestenrat Rechenschaft schuldig war.
Über den ordnungsgemäßen Ablauf des Gottesdienstes wachte der *Synagogenaufseher.* Die vom Vorsteher bestimmten Personen rief er zur Wahrnehmung ihrer Aufgabe auf und fungierte während des Gottesdienstes als eine Art Zeremonienmeister. (...)
In der griechischen Welt gebrauchte man für ihn Bezeichnungen wie „Diener“ oder „Diakonos“.
So bot die Synagoge ein recht interessantes und brauchbares Modell, nach welchem sich auch eine christliche Gemeinde organisieren konnte. Freilich bedurfte es mancher Änderungen und Anpassungen. Im Normalfall war eine junge christliche Gemeinde nicht in der Lage, ein Haus wie eine Synagoge ihr eigen zu nennen. Das Amt eines Synagogenvorstehers konnte darum hinfallen oder auch umfunktioniert werden.
Gut bewährt hat sich hingegen das Siebner-Kollegium oder das Presbyterium. Es konnte von der christlichen Gemeinde ohne Bedenken übernommen werden. Die Aufgaben, die in der Synagogengemeinde dem Vorsteher oder dem Aufseher zukamen, konnte unter die Presbyter aufgeteilt werden, es sei denn, daß sich jemand halb- oder gar ganzzeitlich gewissen Aufgaben widmen konnte. Vergessen wir nicht: auch in christlichen Gemeinden gab es „Schriftgelehrte“; darf man doch damit rechnen, daß es jüdische Gelehrte gab, die zur christlichen Gemeinde übergetreten waren. Auch die Wanderprediger dürfen wir nicht aus den Augen verlieren. Je nach Bedarf suchten sie die Gemeinden heim, und je nach Geschick rückten sie dieses oder jenes zurecht, trafen Entscheidungen oder gaben Ratschläge.
Ohne Schwierigkeiten konnte die Gemeinde die ziemlich gutfunktionierenden demokratischen Spielregeln übernehmen. Denn mit der Synagoge hat die christliche Gemeinde gemeinsam, daß sich beide als „Volk“, als „Volk Gottes“ verstanden. Es gab keine Chargen einfach so für sich. Die Verantwortlichen wurden von der Gemeinde bestellt und waren für die Gemeinde da.

Vereine noch und noch

In der griechischen Welt werden sich christliche Gemeinden nach dem Muster der damaligen Vereine organisiert haben. Diese Vereine waren staatlich anerkannt und geschützt und konnten sich ziemlich selbständig und unabhängig entwickeln und entfalten, solange sie die öffentliche Ordnung und das Gemeinwohl nicht verletzten. (...) Mag ein Verein auch noch so „irdische“ Interessen verfolgen wie eine Leihgenossenschaft, eine Zunftgenossenschaft oder eine Feuerwehr: in der sogenannten heidnischen Antike waren sie doch alle irgendwie „religiös“. Es gab kaum einen Verein, der nicht den Namen einer Gottheit trug. (...)
Wenn eine Gottheit schon ihren Namen für einen Verein hergibt, darf sie auch erwarten, daß ihr zu Ehren regelmäßig Feste gefeiert oder Opfer dargebracht werden, daß man ihr einen Tempel oder doch wenigstens ein Bildstöcklein baut. Das alles sollte uns gar nicht so fremd vorkommen, kennen wir dieses Phänomen ja auch in christlichen Gegenden, mit dem einzigen Unterschied, daß die Rolle der Gottheiten von den christlichen Heiligen übernommen wurde. Die Generalversammlung der Feuerwehr z. B. findet am Festtag der heiligen Agatha statt, derer der Ortspfarrer bei der liturgischen Feier oder bei der Tischrede gedenkt; das Fest des Schützenvereins findet am Tag der heiligen Barbara statt, deren Bild auf der Vereinsfahne deutlich zu sehen ist. (...)

Was die *Verfassung* dieser Vereine anbelangt, ist zu sagen, daß die Leitung und Verwaltung eines Vereins in den Händen der Generalversammlung lag. Diese Versammlung konnte im Griechischen unter anderem auch „Ekklesia" heißen, was wir sonst normalerweise mit „Kirche" übersetzen.
Die *Statuten* wurden demokratisch verfaßt und verabschiedet, es sei denn, ein Stifter hätte etwas Bestimmtes vorgesehen. (...)

Beamte und Inspektoren

Da die meisten Vereine einer Gottheit geweiht waren, standen ihnen vielfach „Priester" vor, die an den Festtagen zu Ehren der Gottheit Opfer darbrachten, Prozessionen anführten und Gebete sprachen. Anstelle des „Priesters" konnten auch andere Leitungsämter stehen. Sie heißen je nachdem „Archisynagogos", „Chef", „Vorsteher", „Vorsitzender", „Vater" usw. Dann gibt es den Schatzmeister, den Sekretär, den Aktuar, den Archivar, den Verantwortlichen für die Mahlzeiten, den Verantwortlichen für die öffentlichen Angelegenheiten usw. Die griechischen Namen, die für diese Funktionen gebraucht werden, sind recht verschieden. Immer wieder begegnet man dem „Diakonos" (= Diener, Beamter), ab und zu auch dem „Episkopos", dessen Aufgabe wohl der eines Inspektors am nächsten kommt. Den „Diakonos" und den „Episkopos" finden wir auch sehr bald in den christlichen Gemeinden, wie uns das Neue Testament berichtet. In der deutschen Sprache wird der Diakonos zum „Diakon" und der Episkopos zum „Bischof". Das griechische Wort, das wir hier oben mit „Priester" übersetzt haben, gibt es im Neuen Testament in diesem Sinn nicht; denn in der christlichen Gemeinde gibt es nicht Priester, die Opfer darbringen, wie die heidnischen Priester es tun. Der Titel „Hoherpriester", der vom Alten Testament her kommt, wird in einer ganz speziellen Bedeutung ausdrücklich nur für den einen „Hohenpriester" Jesus Christus gebraucht (Hebräerbrief). Was dem Neuen Testament recht ist, sollte uns nur billig sein. Es ist ganz entschieden daran festzuhalten: der neutestamentliche „Priester", auch der „Priester", wie wir ihn in der katholischen Kirche kennen, hat mit dem heidnischen Opferpriester nichts zu tun. Auch mit dem jüdischen Hohenpriester hat er nichts gemein.
In den griechischen Kultvereinen erkennen wir also ein weiteres Modell, das der christlichen Gemeinde als Verfassung dienen konnte. Es ist ein Modell, das sich in der damaligen Zeit in der Umwelt bewährt hatte, ein Modell auch, das offen genug war, um den Bedürfnissen entsprechend angepaßt zu werden, ein Modell auch, das der Gruppendynamik genügend Raum ließ.

Menschen – auch Christen – sind meist natürlich und banal

Manchem Leser mögen unsere Ausführungen zu „natürlich" und „banal" vorkommen. Die Kirche Jesu Christi ist doch nicht mit einem heidnischen Verein zu vergleichen! – Sachte!
(...) Was das „Natürliche" und das „Banale" anbelangt, müssen wir doch folgendes bedenken. Damals nicht anders wie heute setzt sich die christliche Gemeinde aus Menschen zusammen. Und Menschen sind bekanntlich „natürlich" und „banal". Daran würden noch so heilige Strukturen, daran würde auch eine „Hierarchie" nichts ändern. Es ist aber – so meine ich – nicht von Gutem, von der Gemeinde Jesu Christi zu reden, ohne die Menschen, die natürlichen und die banalen, die eben zu dieser Gemeinde gehören, mitzuberücksichtigen.

Aus: H.-J. Venetz, So fing es mit der Kirche an

13 Das Abendmahl der Evangelischen und der Höllensturz der Papisten mit dem predigenden Luther (1546), Holzschnitt von Lukas Cranach d. Jüngeren (1515–1586)

14 Wichtige Stationen der Reformation

1514: Luthers sogenanntes „Turmerlebnis“

Luther kam nach jahrelangem inneren Ringen zu der erlösenden Gewißheit, daß Gott *seine* „Gerechtigkeit“ nicht als Maßstab an den Menschen anlegt, sondern demjenigen *schenkt,* der an ihn *glaubt.* Der Mensch kann also nicht durch eigene Leistung, sondern nur aus der Gnade Gottes heraus gerecht sein.

1515/16: Luthers Römerbriefvorlesung

Indem diese Vorlesung aufzeigte, daß der Mensch von Grund auf Sünder ist, wollte sie die Gerechtigkeit und Weisheit des „Fleisches“ zerstören. Der Kern der Sünde besteht nach Luther in der Selbstgefälligkeit und Selbstsucht.

1517 (31. 10.): Veröffentlichung der 95 Thesen über den Ablaß durch Martin Luther („Thesenanschlag“)

Luther verwarf den Ablaß nicht, sondern wandte sich gegen Mißstände bei der Ablaßverkündigung (z. B. Ablaßhandel, Verwischung des Unterschiedes zwischen Buße und Ablaß). Er befürchtete, die Ablaßprediger nähmen den Menschen durch falsche Versprechungen die Furcht vor den Folgen ihrer Sünden und damit zugleich auch die ständige Bußbereitschaft. Zugleich mit der Veröffentlichung der 95 Thesen beschwerte sich Luther deshalb bei seinem Bischof Kardinal Albrecht von Mainz über die Ablaßpraxis und bat ihn, gegen die falsche Predigt einzuschreiten. Daraufhin wurde Rom von Kardinal Albrecht über Luthers „neue Lehren“ unterrichtet, was automatisch die Eröffnung eines Prozesses wegen Häresieverdachts zur Folge hatte.

1518: Beginn der Voruntersuchungen für einen Ketzerprozeß in Rom

Luther wurde durch den päpstlichen Legaten Cajetan in Augsburg verhört, dem es jedoch nicht gelang, Luther zum Widerruf zu bewegen.

1519: Disputation zwischen Luther und Eck über die Autorität des Papstes in Leipzig

Luther stellte in diesem Streitgespräch, zu dem er vom Ingolstädter Theologieprofessor Eck herausgefordert worden war, Autorität und Irrtumslosigkeit von Papst und Konzilien in Frage.

1520: Veröffentlichung wichtiger Reformations- und Kampfschriften Luthers

1. „An den christlichen Adel deutscher Nation ...“: Luther wendet sich gegen die Sonderstellung des geistlichen Standes und betont das „allgemeine Priestertum“ aller Gläubigen.
2. „Von der Babylonischen Gefangenschaft der Kirche“: Luther trägt im direkten Rückgriff auf das Neue Testament eine neue Sakramentsauffassung vor (strenggenommen nur zwei Sakramente: *Taufe* und *Brotbrechen*).
3. „Von der Freiheit eines Christenmenschen“: Luther entfaltet seine Rechtfertigungslehre: Rechtfertigung allein durch den Glauben („sola fide“). Daraus folgt notwendig auch das rechte Tun.

1520 (15. 6.): Veröffentlichung der päpstlichen Bannandrohungsbulle „Exsurge Domine“

1520 (10. 12.): Verbrennung der Bannandrohungsbulle und des kirchlichen Gesetzbuches durch Luther

1521 (3. 1.): Bannbulle „Decet Romanum Pontificem“

1521 (April): Luther auf dem Reichstag zu Worms

Da Luther bereits zu diesem Zeitpunkt in der Bevölkerung viele Anhänger hatte und im Falle eines Vorgehens gegen ihn Unruhen befürchtet wurden, wurde der Gebannte gegen das Staats- und Kirchenrecht des Mittelalters auf dem Reichstag zu Worms vor Kaiser Karl V. verhört, und man versuchte noch einmal, ihn zum Widerruf zu bewegen. Mit Berufung auf die Hl. Schrift und sein Gewissen blieb Luther standhaft. Danach wurde im *Wormser Edikt* über ihn die Reichsacht verhängt (25. 5.).

1521 (4. 5.): Luther wird zu seinem Schutz auf die Wartburg gebracht (Scheinüberfall durch Vertraute des Kurfürsten)

Kurfürst Friedrich der Weise von Sachsen stellte sich aus politischen (Rivalität zwischen Fürsten und Kaiser – Autonomiebestrebungen der Fürsten) wie aus religiösen Gründen (Faszination durch die Lehre

Luthers) immer wieder schützend vor Luther und half ihm später auch, die Kirche neu und einheitlich zu organisieren (ab 1525).

1521–22: Aufenthalt Luthers auf der Wartburg: Übersetzung des NT

1522–24: Reichstag zu Nürnberg

Die Reichsstände weigerten sich, gegen Luther vorzugehen, forderten Reformen in der Kurie und ein freies Konzil in einer deutschen Stadt. Das Luthertum hatte sich bisher ungehindert ausbreiten können, weil Kaiser Karl V. wegen der Türkengefahr und seiner Rivalität mit Franz I. von Frankreich nicht gegen die Fürsten vorgehen konnte, die Luther schützten, sondern sogar auf diese angewiesen war.

seit 1523: Anfänge evgl. Kirchenbildung in Zürich

1524–25: Deutscher Bauernkrieg

Eigentliche Ursache war die wirtschaftlich und sozial schlechte Lage der Bauern (Einschränkungen der bäuerlichen Selbstverwaltung und der alten Nutzungsrechte). Die Bauern erhoben unter Berufung auf die Freiheit eines Christenmenschen soziale, politische und religiöse Forderungen, die sie schließlich in gewalttätigen Aufständen durchzusetzen suchten. Ein bedeutender Führer des Bauernaufstandes in Thüringen war Thomas Müntzer (geb. ca. 1490 – hingerichtet 1525). Ihm war Luthers Programm nicht radikal genug, und er wollte einen neuen Gottesstaat errichten, in dem es keine Ungerechtigkeiten mehr gäbe. Der Bauernkrieg wurde 1525 durch eine Koalition von Fürsten blutig niedergeschlagen. Luther hatte sich nach Beginn des Aufstandes entschieden von den Bauern distanziert.

1529: Marburger Religionsgespräche zwischen Luther und Zwingli

Die Marburger Religionsgespräche kamen auf Initiative von Landgraf Philipp I. von Hessen zustande. Sie hatten den politischen Hintergrund, eine Einigung der ev. gegen die kath. Stände vorzubereiten. Die Vorstellungen einiger Reformatoren, besonders in der Frage der Präsenz Christi im Abendmahl, gingen auseinander (Luther/Zwingli). Obwohl die Gespräche in vielen Punkten Übereinstimmung erreichten, blieben bei der Abendmahlsfrage wichtige Differenzen. Teilnehmer der Religionsgespräche waren die Wittenberger Theologen Luther, Melanchthon und Krafft und die Straßburger und Schweizer Theologen Bucer, Hedio, Zwingli und Ökolampad.

1530: Augsburger Reichstag

Der Schmalkaldische Bund, eine Vereinigung der evangelischen Reichsstände, wurde gegründet.
Die *„Confessio Augustana“* wird als Bekenntnisschrift der lutherischen Stände vorgetragen, die *„Confessio Tetrapolitana“* als Bekenntnisschrift der oberdeutschen Reichsstädte. Mit der Unfähigkeit der Evangelischen, mit einer gemeinsamen Bekenntnisschrift gegenüber dem Kaiser aufzutreten, war die erste wichtige Grundlage für eine Spaltung des Protestantismus in *„lutherisch“* und „reformiert“ gegeben. Der reformierte Flügel wurde besonders durch die schweizerischen Reformatoren Ulrich Zwingli und Jean Calvin ausgeprägt.

1532: Nürnberger Anstand: Waffenstillstandsvertrag zwischen dem Kaiser und dem Schmalkaldischen Bund

1533–35: Täuferreich in Münster

Das Täufertum war neben dem „Schwärmertum“ ein Teil der radikalen Reformation (vgl. 1524/25: Bauernkrieg).

1536: Wittenberger Konkordie

Es handelt sich um eine sehr komplizierte Einigungsformel über die Abendmahlsfrage zwischen Luther und den oberdeutschen Reichsstädten (Bucer), welche zur Festigung des Luthertums in Deutschland führte.

1541–46: Reformation in Genf durch Jean Calvin

1545–63: Trienter Konzil (Tridentinum)

Mit dem Trienter Konzil begann der erste ernsthafte Versuch, der Reformation mit theologisch-kirchlichen Mitteln Einhalt zu gebieten (Gegenreformation). Zu Beginn der Reformation hatte sich der Papst dem Kaiser gegenüber jahrelang geweigert, ein Konzil einzuberufen, weil er Angst hatte, an Macht einzubüßen.

1555: Augsburger Religionsfriede

Der Augsburger Religionsfriede wurde als Grundgesetz des Hl. Röm. Reiches zur Beilegung der Religionskämpfe verkündet. Darin wurde den Anhängern des Augsburger Bekenntnisses („Confessio Augustana“), nicht den Calvinisten bzw. Zwinglianern, neben den Katholiken Frieden und Besitz nach dem Stand von 1552 zugesichert. Die freie Wahl der Konfession galt allerdings nur für die weltlichen Reichsstände und die reichsunmittelbare Ritterschaft. Es handelte sich dabei noch nicht um die Gewissensfreiheit für alle, denn die Obrigkeit hatte über die Konfessionszugehörigkeit der Untertanen zu entscheiden („cuius regio, eius religio“). Wer sich dem nicht fügen wollte, war zur Auswanderung gezwungen. Wechselten *geistliche* Reichsfürsten die Konfession, so verloren sie sowohl ihr kirchliches Amt als auch ihre Reichslehen.

M. Schmidt Kortenbusch

15 Gegenüberstellung einer Definition von Ablaß und Luthers Argumentation

In der frühen Kirche mußten Sünder für schwere Sünden verschieden lange öffentliche Bußen auf sich nehmen, bevor sie die Lossprechung erhielten und wieder in die Gemeinschaft der Kirche aufgenommen wurden. Wenn ein Mitchrist, der in der Zeit der Verfolgung um des Glaubens willen gelitten hatte, Fürbitte für einen Sünder einlegte, konnte diesem die Buße erlassen werden. Diesen Nachlaß öffentlicher Bußwerke (also nicht den Nachlaß der Sünden) nannte man später Ablaß. Noch später wurde diese Praxis unter Berufung auf die „Verdienste“ Jesu Christi und der Heiligen verallgemeinert. Schließlich wurde es zu einer frommen Übung, für die „Armen Seelen“ im „Fegfeuer“ „Ablässe“ zu gewinnen (um die Zeit ihrer Läuterung abzukürzen). Im Mittelalter kam es zu schlimmen Entartungen des Ablaßwesens (vor allem in Verbindung mit Geldzahlungen, die als Bußleistungen gewertet wurden): einer der äußeren Anlässe für die Reformation. In der heutigen Frömmigkeitspraxis spielt der Ablaß nur noch eine geringe Rolle. Weil aber mit dem Wort „Ablaß“ viel Unbehagen gegenüber der katholischen Kirche verbunden ist, ist es gut zu wissen, was damit gemeint ist. – Die kirchliche Lehre sagt: Durch den Ablaß werden zeitliche Strafen nachgelassen für Sünden, die bereits vergeben sind. Um einen Ablaß zu gewinnen, muß man „im Stand der Gnade“, das heißt ohne schwere Sünde sein und die vorgeschriebenen guten Werke oder Gebete verrichten.

Aus: Gottfried Bitter / Adolf Exeler u. a., Grundriß des Glaubens

Luthers Argumentation (Beispiele aus den 95 Thesen)

1. Da unser Herr und Meister Jesus Christus spricht: Tut Buße! (Mt. 4,17), will er, daß das ganze Leben seiner Gläubigen eine stete und unaufhörliche Buße sein soll.

27. Die predigen Menschenlehre, die da vorgeben, daß, sobald das Geld in den Kasten geworfen klingt, die Seele aus dem Fegfeuer auffahre.
34. Der Ablaß ist ja nichts anderes als Befreiung von der dem Menschen auferlegten Strafe,
35. welche der Reue keineswegs überhebt.
36. Ein jeder Christ, der wahre Reue und Leid hat über seine Sünde, hat völligen Erlaß von Strafe und Schuld, der ihm auch ohne Ablaßbrief zuteil wird.
85. Warum baut der Papst, der doch reicher ist als der reichste Crassus, die eine Peterskirche nicht mit seinem eigenen Gelde statt mit dem Gelde der armen Gläubigen?

Aus: H. Gutschera / J. Thierfelder, Brennpunkte der Geschichte / W. Brüggeboes, Geschichte der Kirche

16 Luthers Rechtfertigungslehre

Es ist offenkundig, daß Luther mit einem guten Teil seiner zeitgenössischen Theologie unter dem unchristlichen Druck stand, die Rechtfertigung durch Gott, d. h. die liebevolle Zuneigung Gottes zum Menschen durch seine eigenen guten Werke erwirken zu müssen. Daß dies in seiner Zeit eine gängige Haltung war, kann verdeutlicht werden durch die uferlose Multiplizierung von „guten Werken“, die sich oft nicht mehr deutlich unterscheiden ließen von magischen Tricks gegenüber Gott (allerlei Mißbrauch der Sakramente, Mißstände in der Ablaßpraxis und vieles mehr).
In dieser gequälten Situation machte er die sog. reformatorische Grunderkenntnis. In dem besagten Testament schreibt er: „Da erbarmte sich Gott meiner. Unablässlich sann ich Tag und Nacht, bis ich auf den Zusammenhang der Worte merkte, nämlich: ‚die Gerechtigkeit Gottes wird im Evangelium offenbar, wie geschrieben steht: der Gerechte lebt seines Glaubens‘. Da fing ich an, die Gerechtigkeit Gottes als eine solche Gerechtigkeit zu begreifen, durch die ‚der Gerechte als durch Gottes Geschenk lebt‘, d. h. also: ‚aus Glauben‘, und merkte, daß dies so zu verstehen sei: ‚durch das Evangelium wird die Gerechtigkeit Gottes offenbar‘, nämlich die sog. ‚passive‘, d. h. die, durch die uns Gott aus Gnaden und Barmherzigkeit rechtfertigt durch den Glauben, wie geschrieben steht: ‚Der Gerechte lebt seines Glaubens.‘ Nun fühlte ich mich ganz und gar neugeboren: die Tore hatten sich mir aufgetan; ich war in das Paradies selber eingegangen. Da zeigte mir sogleich auch die ganze Hl. Schrift ein anderes Gesicht. Von daher durchlief ich die Schriften, wie ich sie im Gedächtnis hatte, und fand auch

an anderen Stellen den gleichen Sinn ...“ (WA 54, 386)

Die grundlegende Erkenntnis Martin Luthers besteht folglich darin, daß (nach Paulus) dem Menschen das Heil Gottes nicht geschenkt wird durch seine guten Werke, sondern durch Gott in seiner Zusage des Heils im Evangelium. Im Prozeß des Hörens auf das Wort Gottes und des Glaubens der Zusage Gottes wird der Mensch gerechtfertigt. Aus dieser Sicht der Dinge heraus kämpft nun Luther gegen die von ihm genannten „zusätzlichen Bedingungen des Heils“. Diese sieht er gegeben hauptsächlich in vielen kirchlichen Institutionen, insbesondere im Papstamt und in bestimmten Auswüchsen in der Volksfrömmigkeit und Sakramentsfrömmigkeit.

Auf diesem Hintergrund formuliert dann Luther auch sein dreifaches „alleine“: Christus allein (keine anderen heilsvermittelnden Institutionen und Personen), die Schrift allein (keine Tradition), der Glaube allein (keine Werke).*

Aus: G. Boß / H. J. Urban, Zum Thema: Martin Luther

---

* Dieses dreifache „alleine“ wurde von Luther lateinisch benannt: „solus Christus“, „sola scriptura“, „sola fide“.

17 Peter Hünermann, Martin Luther über die Kirche

Auf der Linie einer Tradition, die auf Augustinus zurückgeht, unterscheidet Luther eine unsichtbare, geistliche, verborgene oder innere Kirche von der äußerlich sichtbaren. Erstere ist für ihn die Gemeinde der Heiligen, der Leib Christi, das Volk Gottes, die *katholische* Kirche.

„Die erste Weise nach der Schrift ist, daß die Christenheit heißt eine Versammlung aller Christgläubigen auf Erden, wie wir im Glauben beten: ‚Ich glaube an den heiligen Geist, eine Gemeinschaft der Heiligen.‘ Diese Gemeinde oder Sammlung heißt aller derer, die in rechtem Glauben, Hoffnung und Liebe leben, also daß der Christenheit Wesen, Leben und Natur sei nicht leibliche Versammlung, sondern eine Versammlung der Herzen in einem Glauben, wie Paulus sagt, Eph. 4,5: ‚Eine Taufe, ein Glaube, ein Herr‘“ (Weimarer Ausgabe 6, 292, 35). Die innere, geistliche Kirche ist also nicht eine Größe jenseits der Geschichte. Sie bezeichnet vielmehr die Gemeinschaft der wirklich Glaubenden, Hoffenden, Liebenden. Aber diese Kirche ist nicht durch äußere Bestimmungen eindeutig dingfest zu machen, und zwar deshalb, weil man Glaube, Hoffnung und Liebe nicht von außen zweifelsfrei feststellen kann. Der Glaube zeigt sich zwar, ebenso wie Hoffnung und Liebe, in Worten, Urteilen und Handlungsweisen. Aber dabei kann immer auch Unlauterkeit und Heuchelei hineinspielen. Insofern sind Glaube, Hoffnung und Liebe „unsichtbar“ – und doch wirken sie in der Geschichte. Für die Diskussion unter den Konfessionen ist an dieser Umschreibung der Kirche bedeutsam, daß kein glaubender Christ ausgeschlossen wird. Es gibt für Luther nicht mehrere Kirchen, sondern nur eine Gemeinschaft der Heiligen. Gewöhnung an die verschiedenen konfessionellen Kirchen hat diese Wahrheit weitgehend verdeckt. Diese Kirche ist heilig, weil geheiligt durch den Herrn. Sie ist *katholisch* oder „allgemein“.

Obwohl diese Kirche nicht äußerlich eindeutig abgegrenzt werden kann, ist sie doch an Merkmalen zu erkennen. „Die Zeichen, dabei man äußerlich merken kann, wo dieselbe Kirche in der Welt ist, sind Taufe, Sakrament (= Abendmahl) und das Evangelium, nicht aber Rom, dieser oder jener Ort. Denn wo die Taufe und Evangelium ist, da soll niemand zweifeln, es sind Heilige da, und sollten es gleich eitel Kinder in der Wiegen sein. Rom aber oder päpstliche Gewalt macht keinen Christen, wie die Taufe oder Evangelium tut" (Weimarer Ausgabe 6, 300, 37). An anderen Stellen seiner Werke zählt Luther eine noch längere Liste von Erkennungszeichen auf: Außer Evangelium, Taufe und Abendmahl werden in der Schrift „Von Konziliis und Kirchen" noch die Schlüsselvollmacht, kirchliche Ämter, Gebet, Kreuz genannt (Weimarer Ausgabe 50/628 – 641). Der Grund, warum man an den aufgezählten Merkzeichen die geistliche Kirche erkennen kann, liegt in der Wirksamkeit Gottes, der durch sein Wort, durch Taufe, Abendmahl und die anderen Merkzeichen in den Herzen der Menschen den Glauben, die Hoffnung und die Liebe entzündet. „Denn Gottes Wort geht nicht ledig ab, Jes 55, sondern muß zum wenigsten ein Viertel oder Stück vom Acker haben" (Weimarer Ausgabe 50, 629). Weil alle aufgezählten Mittel dem Herrn selbst gehören, kann auch unwürdiger Dienst sie nicht verfälschen. „Wir erkennen und halten den Papst und seinen Haufen dafür, daß sie nicht die rechte Kirche sind, und dennoch, wenn sie taufen, Kirchendiener ordnen, Eheleut zusammengeben, solches halten wir nicht für Unrecht, sondern bekennen, daß ihre Taufe recht sei ... Denn man muß Amt und Person teilen. Ein öffentlicher Sünder ist auch nicht in der Einigkeit der Kirche, und dennoch soll darum sein Amt, das er in der Kirche hat, nicht verachtet werden. Ursache: es ist nicht sein, sondern des Herrn Jesu Christi Amt" (Weimarer Ausgabe 44, 310). Die eine, heilige, katholische Kirche ist also nach Luther von Gott mit einer Reihe von Gaben ausgerüstet – dazu gehört auch das Amt –, durch die Gott in der Geschichte Menschen trifft und zum Heil führt. Diese vielfältigen Gaben, die die Kirche sichtbar in Erscheinung treten lassen und zugleich ihr unsichtbares Wachstum vorwärtsbringen, beschreibt Luther wesentlich vom Wort her. Wie das Wort Gottes den Vorrang unter den Merkmalen der Kirche besitzt, so bestimmen sich auch Natur und Eigenart der übrigen Merkmale vom Wort her. Man erkennt das deutlich etwa in Luthers Auffassung vom Abendmahl und vom Amt in der Kirche. Luther greift die katholische Abendmahlspraxis seiner Zeit scharf an, weil der Einsetzungsbericht lateinisch und noch dazu leise gesprochen wird. So wird dem Volke gerade das vorenthalten, was ihm vom Herrn zugedacht ist: die Zusage der Vergebung der Sünden durch das ein für allemal vollbrachte Opfer Jesu Christi. Auf dieses Wort und den Glauben daran aber kommt es im Abendmahl gerade an. Ähnlich versteht Luther das kirchliche Amt vom Wort her. Das Amt ist notwendig um der Gemeinde willen: damit sie immer erneut durch das Wort auferbaut wird.

Die Aufgabe der Verkündigung erscheint für Luther in doppelter Gestalt. Jeder Christ ist durch die Taufe geheiligt und zu einem königlichen Priestertum gesalbt. So hat er Recht und Pflicht, das Wort Gottes zu verkünden, wo dieser Verkündigungsdienst nicht bereits geordnet ist. „Aufs erste, wenn er ist an dem Ort, da keine Christen sind, da bedarf es keines anderen Berufs, denn daß er ein Christ ist, inwendig von Gott berufen und gesalbt. Da ist er schuldig, den irrenden Heiden oder Unchristen zu predigen und zu lehren das Evangelium aus Pflicht brüderlicher Liebe, ob ihn schon kein Mensch dazu beruft“ (Weimarer Ausgabe 11, 412). Besteht aber eine Gemeinde, so soll sie einen geeigneten Christen berufen, und die kirchliche Autorität soll ihn bestätigen und „ordinieren“. Die gesamten Amtsaufgaben des Ordinierten, einschließlich der Spendung der Sakramente, werden wesentlich unter dem Charakter der Verkündigung gesehen. Richtmaß aller Verkündigung aber ist die Schrift.

Das Amt gehört nach Gottes Willen zur Kirche. Luther sieht den Sinn dieses Amtes wesentlich im Dienst an der Gemeinde, und zwar durch das Wort. Die Ordination betraut den Empfänger mit einer Funktion. Weil somit das Amt „funktional“ verstanden wird, lehnt Luther die katholische Lehre ab, daß die Priesterweihe dem Geweihten ein „unauslöschliches Merkmal“ („character indelebilis“) verleiht, der ihn auch dann noch von „gewöhnlichen“ Christen unterscheidet, wenn er die Funktionen seines Amtes nicht mehr ausübt.

Aus: J. Feiner / L. Vischer (Hrsg.), Neues Glaubensbuch

18 Peter Hünermann, Das Zweite Vatikanische Konzil über die Kirche

Man hat mit Recht das Zweite Vatikanische Konzil als Konzil der Kirche bezeichnet. Fast alle Dokumente dieser Kirchenversammlung behandeln oder berühren dieses Thema. Es liegt daher nahe, von diesen Texten auszugehen, wenn wir die Grundlinien des katholischen Kirchenverständnisses in der Gegenwart skizzieren.

Die allgemeine Wesensbeschreibung der Kirche, die das Konzil gibt, stimmt überraschend weit mit den Grundaussagen Luthers und Calvins überein: „Die aber an Christus glauben, beschloß er (Gott, der Vater) in der heiligen Kirche zusammenzurufen. Sie war schon seit dem Anfang der Welt vorausbedeutet; in der Geschichte des Volkes Israel und im Alten Bund wurde sie auf wunderbare Weise vorbereitet, in den letzten Zeiten gestiftet, durch die Ausgießung des Heiligen Geistes offenbart, und am Ende der Weltzeiten wird sie in Herrlichkeit vollendet werden.[1] (...)

Kirche ist somit Versammlung aller in Christus Glaubenden durch Gott. Sie umfaßt alle Gläubigen, ist die eine, durch Christus geheiligte und katholische Kirche. Diese Kirche, das Volk Gottes, der Leib Christi, besteht aus vielen Gliedern, denen eine jeweils eigene Gnadengabe zum Dienst für alle mitgeteilt ist. Sie ist sichtbar in ihrem „Pilgerstand“ und muß doch in allen ihren Gliedern unsichtbar in Glaube, Hoffnung und Liebe wachsen. Allen Mitgliedern der Kirche kommt als Heiligen Gottes die prophetische, priesterliche und königliche Würde zu, alle haben Anteil an der Sendung Christi in die Welt.

Diese Gemeinschaft der Gläubigen wird „durch das Wort des lebendigen Gottes“ geboren.[2] Die Sakramente vermitteln der Kirche das Leben. Das „Wort Gottes“ wird im ganzen nicht so stark betont wie in den reformatorischen Schriften. Dennoch ist das Wort Gottes, enthalten in der Heiligen Schrift, vermittelt in der Verkündigung, „Richtschnur des Glaubens“, „Stütze und Leben“ der Kirche[3]. Allerdings – und darin kommt der Unterschied gegenüber den reformatorischen Aussagen heraus – wird das Wort Gottes in der Schrift nie unabhängig von der Tradition und immerwährenden Auslegung in der Kirche gesehen. Die Maßgeblichkeit der

Schrift im Überlieferungsprozeß und ihre normierende Kraft gegenüber der Tradition kommen zum Ausdruck, wenn das Studium der Schrift „gleichsam die Seele der Theologie“ (Offenbarung, Nr. 24) genannt wird.[4] (...)

An anderen Stellen werden jedoch Schrift und Tradition einfach nebeneinander genannt, ohne daß die Beziehung zwischen beiden näher bestimmt wird. Solche Redeweise kann den Anschein erwecken, als handle es sich hier um völlig gleichgeordnete Größen.

Einen besonderen Akzent legen die Dokumente des Zweiten Vatikanischen Konzils – und hier führen sie durchaus die Tradition seit dem Konzil von Trient fort – auf das Amt in der Kirche. Zwar wurde bei der Erarbeitung der Kirchenkonstitution das Kapitel über das Volk Gottes dem Abschnitt über das Amt in der Kirche vorgeordnet, um deutlich zu machen, daß das Amt einen *Dienst* im Volk Gottes bezeichnet. Gleichwohl behält die „hierarchische Verfassung“ der Kirche, insbesondere das Bischofsamt, ein starkes Gewicht.

„Um Gottes Volk zu weiden und immerfort zu mehren, hat Christus der Herr in seiner Kirche verschiedene Dienstämter eingesetzt, die auf das Wohl des ganzen Leibes ausgerichtet sind. Denn die Amtsträger, die mit heiliger Vollmacht ausgestattet sind, stehen im Dienste ihrer Brüder, damit alle, die zum Volk Gottes gehören und sich daher der wahren Würde eines Christen erfreuen, in freier und geordneter Weise sich auf das nämliche Ziel hin ausstrecken und so zum Heile gelangen.“[5]

Diese Dienste gehen auf Jesus Christus selbst zurück, der die Zwölf berief und ihnen Anteil an seiner Sendung gab. „Diese Apostel (vgl. Lk. 6,13) setzte er nach Art eines Kollegiums oder festen Kreises ein, an dessen Spitze er den aus ihrer Mitte erwählten Petrus stellte (vgl. Joh. 21,15–17)“[6]. Weil das Evangelium durch alle Zeiten hin zu überliefern ist, „trugen die Apostel in dieser hierarchisch geordneten Gesellschaft für die Bestellung von Nachfolgern Sorge“.[7]

Die Jüngergemeinde Jesu war also nach diesem Text von ihren Anfängen an eine hierarchisch geordnete Gemeinschaft. Die Einsetzung von Nachfolgern diente dazu, diesen Grundsatzcharakter der Kirche zu erhalten. Dann wird auf das Petrusamt hingewiesen und die Lehre des Ersten Vatikanischen Konzils (1869/70) vom Jurisdiktionsprimat und dem obersten Lehramt der Kirche wiederholt. Auch die Bischöfe als Nachfolger der Apostel sind „göttlichen Rechts“. Die bischöfliche Verfassung gehört nach den Dokumenten des Zweiten Vatikanischen Konzils zu den Grundzügen des kirchlichen Amtes und damit der Kirche überhaupt. (...)

Man tut niemandem Unrecht, wenn man feststellt: Die Ergebnisse der modernen historisch-exegetischen Forschung über die allmähliche Ausgestaltung der Dienste in der frühen Kirche sind von den Konzilsvätern noch nicht in ausreichendem Maße berücksichtigt worden. Der Zwölferkreis, den Jesus aufstellt, ist nicht ohne weiteres identisch mit den nachösterlichen „Aposteln“, zu denen auch Paulus gehört. Funktion und Aufgabe der „Zwölf“ unterscheiden sich deutlich von der Funktion der Apostel. Erst Lukas setzt im Rückblick Zwölferkreis und Apostelkollegium gleich. Das Amt der Apostel hat zudem in der Gründungszeit der Kirche den Vorrang, während in der nachapostolischen Zeit das Amt des Presbyters bzw. das Kollegium der Presbyter und Episkopen im Vordergrund steht. Innerhalb dieser Grundstruktur haben die palästinensisch-judenchristlichen Gemeinden noch einmal eine andere Ämterordnung als die Gemeinden im griechischen Raum. Erst

um die Wende zum 1. Jahrhundert bildet sich der „monarchische“ Episkopat, die Leitung der Gemeinde durch einen einzigen Bischof, dem die Presbyter untergeben sind, heraus und setzt sich ziemlich rasch in allen Gemeinden durch. (...)
Die Strukturen der Kirche sind geschichtlich bedingt und darum nicht schlechthin unwandelbar – und zugleich (...) gilt: Sie sind unter Führung des Heiligen Geistes entstanden und stehen daher nicht einfach beliebig zur Auswahl.
Ein Unterschied zwischen evangelischem und katholischem Amtsverständnis verdient besondere Beachtung. Während Luther ebenso wie Calvin das Amt vom Dienst am Wort her verstehen, legt die katholische Tradition den Akzent stärker auf die Vollmacht zur Sakramentenspendung. Zwar heißt es in der Kirchenkonstitution des Zweiten Vatikanischen Konzils: „Unter den hauptsächlichsten Ämtern der Bischöfe hat die Verkündigung des Evangeliums einen hervorragenden Platz“[8]. Insgesamt konzentriert sich die Betrachtung des Amtes aber stärker auf die priesterlich-sakramentale Funktion. Gerade hier wird ein starker Unterschied zwischen dem Amtsträger und dem Laien gemacht: „Das gemeinsame Priestertum der Gläubigen aber und das Priestertum des Dienstes, das heißt das hierarchische Priestertum, unterscheiden sich ... dem Wesen und nicht bloß dem Grade nach“[9]. Allein der geweihte Priester besitzt die Vollmacht, die Eucharistie zu vollziehen. Die noch bei Hippolyt von Rom († um 235) bezeugte Praxis, Christen, die in Verfolgungszeiten um ihres Glaubens willen ins Gefängnis geworfen wurden, auch ohne Handauflegung die Würde des Presbyters zuzuerkennen, ist früh außer Gebrauch gekommen. Die innere Begründung dafür, daß man Amtsvollmacht stärker akzentuiert, ergibt sich aus dem Gedanken, daß der gesamte geordnete Dienst in und an der Kirche als Gemeinschaft der Gläubigen nicht auf menschliche Initiative, sondern auf Gottes Heilswirken selbst gründet. Gegenüber der evangelischen Auffassung bedeutet das: Die Rückbindung des Amtsträgers an den Ursprung, das Christusgeschehen, ist nicht primär durch das schriftlich fixierte Wort gegeben. Vielmehr ist dieser Rückbezug gegeben durch die Kette der Amtsträger und der Gemeinden durch die Jahrhunderte hin. Vereinfachend könnte man sagen: Für die katholische Kirche existiert das „Wort“ immer nur als in der Gemeinschaft bewahrtes Wort. Von daher gewinnt auch die Weihe in der Amtsnachfolge ihren Sinn: Sie ist Ausdruck dafür, daß diese Gemeinschaft als dieselbe durch die Zeiten hindurch bewahrt wird.

Aus: J. Feiner / L. Vischer (Hrsg.), Neues Glaubensbuch

---

1 Denzinger-Hünermann, Kompendium der Glaubensbekenntnisse und kirchlichen Lehrentscheidungen, Freiburg 1991, Nr. 4102
2 A.a.O. Nr. 4122
3 A.a.O. Nr. 4228
4 A.a.O. Nr. 4231
5 A.a.O. Nr. 4142
6 A.a.O. Nr. 4143
7 A.a.O. Nr. 4144
8 A.a.O. Nr. 4149
9 A.a.O. Nr. 4126

19 Sachtext über die Unfehlbarkeit des Papstes

Die katholische Kirche lebt „in der Zuversicht, daß sie das Glaubensgut ... nicht verlieren wird ...; ja daß der Geist Gottes sie alles immer tiefer verstehen lehrt und sie vor Irrtum bewahrt. Diese Irrtumslosigkeit oder ‚Unfehlbarkeit' im Festhalten des Glaubens ist keine menschliche Leistung, sondern ein Werk des Geistes Gottes" (aus: Botschaft des Glaubens, zit. nach: Schumacher, evangelisch – katholisch, S. 71).

„Die Gesamtheit der Gläubigen ... kann im Glauben nicht irren. Und diese ihre besondere Eigenschaft macht sie durch den übernatürlichen Glaubenssinn des ganzen Volkes dann kund, wenn sie ‚von den Bischöfen bis zu den letzten gläubigen Laien' ihre allgemeine Übereinstimmung in Sachen des Glaubens und der Sitten äußert ... (aus: Die dogmatische Konstitution über die Kirche „Lumen gentium", zit. nach Schumacher, evangelisch – katholisch, S. 71).

Diese Unfehlbarkeit der Gesamtkirche wird vom Papst nach katholischer Auffassung repräsentiert. Von daher wird seine Fähigkeit abgeleitet, unfehlbare Lehraussagen zu machen. Er ist nur in solchen *Glaubens- und Sittenlehren,* in denen er *förmlich* eine gesamtkirchliche Lehre verkünden will („ex-cathedra-Entscheidungen", nicht Enzykliken = Lehrschreiben des Papstes oder dessen Privatauffassungen in anderen Bereichen), unfehlbar. Die Verkündigung solcher Aussagen durch den Papst ist nicht an die Zustimmung der Bischöfe gebunden, muß aber *in Übereinstimmung mit dem Glauben der Gesamtkirche erfolgen.*

Das 2. Vatikanische Konzil hat die Lehre von der päpstlichen Unfehlbarkeit zwar keineswegs korrigiert, wohl aber eine Einbindung des Papstes in das Kollegium der Bischöfe angestrebt. (vgl. Meyers Großes Taschenlexikon).

Diese Auffassung wird von der evangelischen Kirche abgelehnt. Doch auch evangelische Christen glauben, daß die Kirche durch den Heiligen Geist in ihrer Gesamtheit in der Wahrheit gehalten wird und nicht in die Irre geht.

M. Schmidt-Kortenbusch

21 Karikatur

Zeichnung: Sigg

20 Kirchenverfassungen

Evangelische Kirchen

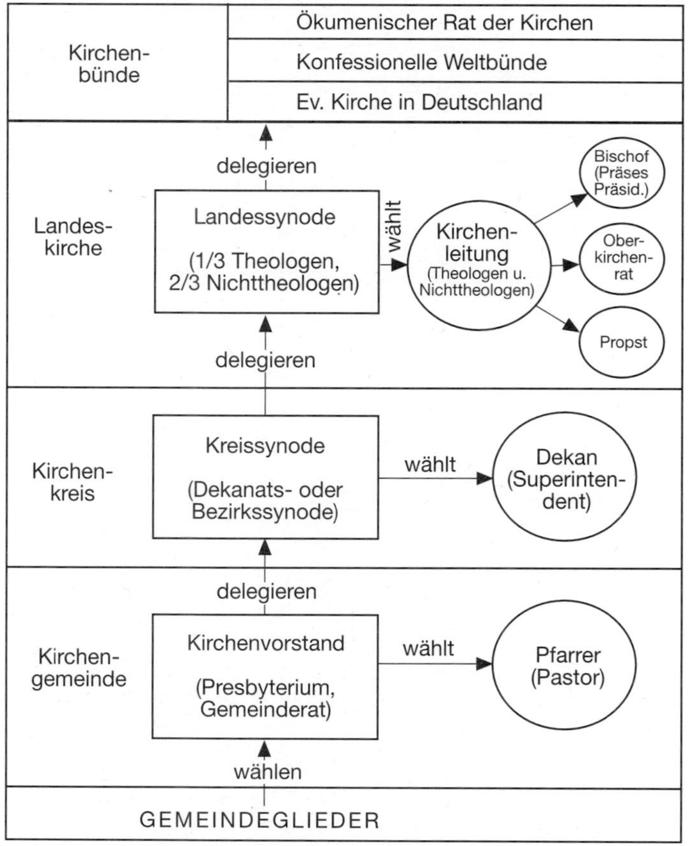

Katholische Kirche

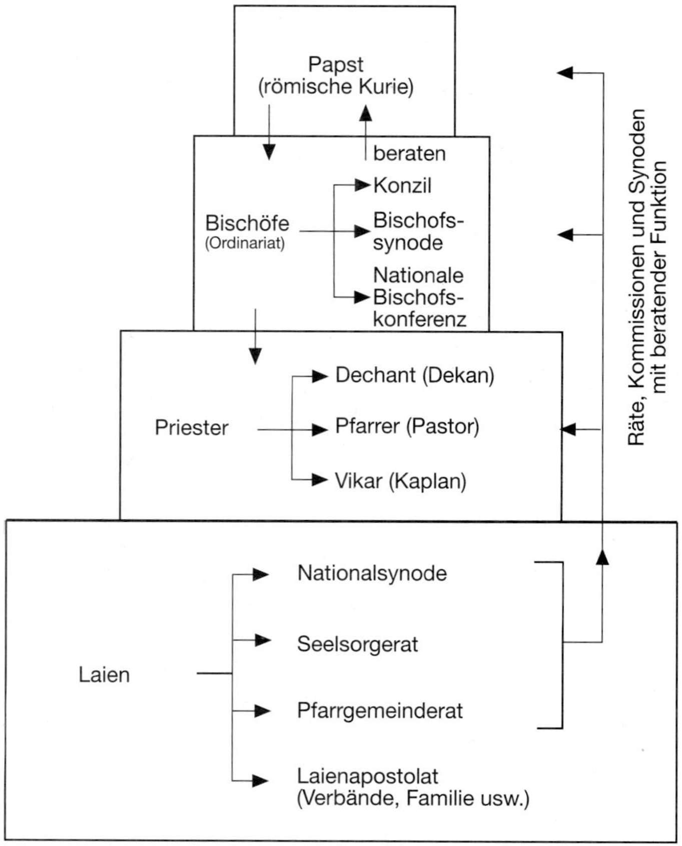

Aus: H. Gutschera / J. Thierfelder, Evangelisch – Katholisch. Begleitheft zur Diaserie (leicht verändert)

In dem „Wort“ der Bischofskonferenz vom 28. Dezember 1968 wird die bekannte Behauptung wiederholt: „Die Kirche kann zwar gewisse Formen demokratischer Meinungs- und Willensbildung in Gemeinde und Diözese übernehmen, aber ihre Demokratisierung im strengen Sinne des Wortes ist mit dem Auftrag Christi nicht zu vereinbaren.“ ... Selbstverständlich ist dies ein Standpunkt, auf den man sich stellen kann, nur ist es wohl nicht unbillig, zu erwarten, daß er auch begründet wird. Wie sehen also die Argumente der Bischöfe aus?

In ihrer Erklärung werden genau zwei angeführt. Einmal: „Fragen des Glaubens, der sittlichen Normen und des sakramentalen Lebens können nicht durch Mehrheitsentscheidungen gelöst werden.“ Zum anderen: „Hier gilt nicht der Grundsatz der Demokratie, daß alle Gewalt vom Volke ausgeht.“

Zunächst das erste Argument: Selbstverständlich sind Fragen des Glaubens und der Sitte sehr wohl seit eh und je in der Kirche durch „Mehrheitsentscheidungen“ gelöst worden. Was haben denn die Konzilien je anderes getan, als nach „demokratischer“ Beratung über Glaubensfragen abzustimmen? Ebenso die Bischofskonferenzen. Auch jetzt. Haben denn die deutschen Bischöfe nicht vor Veröffentlichungen ihres „Wortes“ über dessen endgültige Fassung abgestimmt?

Das Problem liegt also gar nicht darin, ob in der Kirche Entscheidungen durch Abstimmungen getroffen werden können, sondern darin, wer an diesen Abstimmungen sich beteiligen darf. Nur die Bischöfe oder auch das „niedere Volk“, Klerus und Laien?

Das aber ist eine ganz andere Frage, die eng mit dem zweiten Argument zusammenhängt. Daß sich das Demokratieverständnis der deutschen Bischöfe offensichtlich auf die beiden Schlagworte „alle Gewalt geht vom Volke aus“ und „Mehrheitsentscheidung“ beschränkt, was der Qualität ihres politischen Verhaltens in Vergangenheit und Gegenwart wohl nicht gerade förderlich war und ist, wäre einen eigenen Kommentar wert.

Davon abgesehen: Das Argument, daß in der Kirche der Grundsatz „alle Gewalt geht vom Volke aus“ nicht gelte, liegt auf dem gleichen Niveau wie die polemische Gegenfrage: Geht in der Kirche alle Gewalt von den Bischöfen aus? Beides geht an der Sache völlig vorbei, denn es geht gar nicht darum, von wem alle Gewalt in der Kirche ausgeht; sie geht in jedem Fall nur von Gott allein aus. Die Frage ist vielmehr, wie der Wille Gottes innerweltlich zu ermitteln ist, auch sein Wille, wer in der Kirche mit einem bestimmten Amt betraut werden soll. Und da muß sehr wohl gesagt werden, daß es vom Geist des Neuen Testaments her ungleich näher läge, zu vermuten, daß Gott in der Gesamtheit seiner Gemeinde gegenwärtig ist und spricht.

Gott verleiht das Amt und trifft die Entscheidung, aber im „Abstimmungsergebnis“ der Gemeinde, als Ortsgemeinde wie als Gesamtkirche, teilt er seinen Willen auf der jeweiligen Stufe mit und nicht in einem nicht näher definierbaren Wirken in einem Amt und einem Stand, dessen offizielle Definition immer noch von magischen Überbleibseln aus religionsgeschichtlicher Frühzeit geprägt ist. Hier liegt das Problem, hier erwarten wir Argumente!

Aus: „Der Christ“, unabhängige Wochenzeitung für den innerkirchlichen Dialog, Berlin

23 Jürgen Moltmann, Der Auftrag der Gemeinde und die Aufträge in der Gemeinde

Die *vielfältigen und unterscheidbaren Aufträge in der Gemeinde* entstehen nur kraft der gemeinsamen Beauftragung der Gemeinde selbst. Als Christi messianische Gemeinde erteilt sie diese Aufträge im Namen Christi. Es muß dabei aber beachtet werden, daß die Aufträge in der Gemeinde nicht Aufträge einer vorhandenen Gemeinschaft sind, sondern Aufträge Christi. Sie sind nicht in das Belieben der Gemeinde gestellt und können auch nicht *aus* der Gemeinschaft produziert werden. Sie sind nicht mit einem „imperativen Mandat" der Gemeinschaft verbunden, sondern allein mit dem durch Christus befreiten und darum an ihn gebundenen Gewissen. Die besonderen Aufträge in der Gemeinde stehen in der Freiheit und der Autorität Christi und bringen darum nicht einfach die Vorstellungen der vorhandenen Gemeinschaft zum Ausdruck. Sie stehen in der Kraft des Heiligen Geistes und können darum nicht unkritisch die Kräfte des jeweiligen Gemeingeistes zum Ausdruck bringen. Sie dienen dem Reich Gottes und nicht den Interessen der vorhandenen Kirche und den verschiedenen menschlichen Interessen in ihr. So wenig man sagen kann, daß die Aufträge Christi als „heilige Herrschaft" *über der Gemeinde* stehen, so wenig kann man auf der anderen Seite sagen, daß sie *aus der jeweiligen Gemeinschaft* kommen. Um das Verhältnis der Aufträge zur Gemeinde und der Gemeinde zu den Aufträgen sachgemäß zu verstehen, kann man sich an dem einfachen, sichtbaren Vorgang orientieren: die Gemeinde versammelt sich zur Verkündigung, zum Taufen, zur Mahlgemeinschaft, zum Fest und zum Gespräch. Dann treten einer oder mehrere vor die Gemeinde, um das Evangelium zu predigen, zu taufen, das Mahl zu bereiten, das Fest zu gestalten und im Gespräch das Wort zu ergreifen. Sie kommen *aus der Gemeinde,* treten aber *vor die Gemeinde* und handeln *im Namen Christi.* Nicht sie als „Amtsträger" treten der Gemeinde „gegenüber", sondern Christus. Was sie tun und sagen, geschieht im Namen des dreieinigen Gottes.

Wie also ist die Stellung dieser Beauftragten zu begreifen? Sie treten aus dem Volk Gottes vor das Volk Gottes und handeln im Namen Gottes. Ihr Auftrag trennt sie nicht vom Volk und stellt sie auch nicht über das Volk, denn er wird ja in der Gemeinschaft des ganzen Volkes und im Namen seiner Beauftragung ausgeübt. Die Sache, zu der sie beauftragt werden, kommt aber auch nicht vom Volk selbst, sondern von dem Gott dieses Volkes, in dessen Namen sie sprechen und handeln. Die beauftragte und beauftragende Gemeinde will ja nicht sich selbst hören und darstellen, sondern will die Stimme Christi hören, seine Gemeinschaft feiern und seiner Beauftragung gewiß werden. Als die *messianische Gemeinde* kann das Volk Gottes nicht die Souveränität einer von ihm abgesonderten Priesterkaste oder Pastorenklasse anerkennen, sonst würde es seine eigene, durch Christus bewirkte Freiheit aufgeben. Als *Gemeinde Christi* kann das Volk sich aber auch keine „Volkssouveränität" zuschreiben, sonst würde es die Souveränität seines Befreiers preisgeben. Die gemeinsame erfahrene Souveränität Christi in seiner Gemeinde stellt sich darum so dar, daß aus der Gemeinde die Personen für die Aufträge hervorgehen, aber nicht die Inhalte dieser Aufträge selbst und auch nicht die Regeln und Direktiven, nach denen sie ausgeführt werden sollen. Die Charismata sind Kräfte des Geistes, aus dem sie hervorgehen, und die Aufträge sind vom Reich Gottes bestimmt, dem sie dienen sollen. Sie sind Funktionen der messianischen Herrschaft Christi.

Wer also aus der Gemeinde vor die Gemeinde tritt, ist von der Gemeinde dazu beauftragt, im Namen Christi zu handeln. Die Gemeinde behält damit das Recht, ihn wieder abzurufen und einen anderen zu beauftragen. Sie hat aber nicht das Recht, die Aufträge selbst nicht mehr zu erteilen, die Predigt des Evangeliums oder die Diakonie einzustellen, nicht mehr zu taufen, das Mahl zu unterlassen oder sich nicht mehr zu versammeln. Sonst würde sie sich selbst aufgeben. Sie hat auch kein Recht, denen, die ihr und der Gesellschaft im Namen Christi dienen, in ihrem eigenen, nicht durch den Glauben legitimierten Interesse etwas vorzuschreiben, was dem Evangelium widerspricht. Der aus der Gemeinde und von ihr Berufene ist als Beauftragter Christi Christus verantwortlich und allen, die ihn im Namen Christi auf das Reich, dem er dienen soll, ansprechen. Der von der Gemeinde beauftragte Prediger ist aber nicht der „Sprecher" der Gemeinschaft. Der von der Gemeinde berufene Leiter ihrer Versammlungen ist kein „Diskussionsleiter" der vorhandenen Meinungen. Der von der Gemeinde bestellte Diakon ist kein Diener der vorherrschenden Interessen der Gemeinde. Versteht sich die Gemeinde im vollen Sinn des Wortes als Christi Gemeinde, dann gibt es hier keine Differenzen zwischen den besonderen Aufträgen und dem Volk, weil beide im Dienst des Reiches Gottes stehen. (...)

Aus: J. Moltmann, Kirche in der Kraft des Geistes

24 Zeitungsnachricht: „Pastor zu politisch?"

Neun Mitglieder des Kirchenvorstandes der evangelischen Gemeinde in Glashütte sind aus Protest gegen ihren Pastor zurückgetreten. Sönke Wandschneider, ein in der Friedens- und Ökologiebewegung engagierter Pastor, habe sich als „Guru" aufgespielt, der andere Meinungen ausgrenze. In seinem Gottesdienst könne man sich nicht wohlfühlen. Auch der zweite Pastor der Gemeinde findet nicht die Zustimmung des Kirchenvorstandes: „Die ständigen Anfeindungen seitens der Pastoren haben eine vertrauensvolle Zusammenarbeit von Anfang an blockiert ... Wir fühlen uns von unserer Kirche verstoßen."

Andere Gemeindemitglieder meinen jedoch, daß die vorausgegangenen Kirchenvorstandswahlen bewußt genutzt wurden, um die politischen Pastoren zu vertreiben. Es habe dank der Mobilisierung von Feuerwehr und Sportverein eine erstaunlich hohe Wahlbeteiligung gegeben. „Den größten Teil dieser Leute haben wir vor der Wahl und auch danach nie wieder in der Kirche gesehen."

Aus: Hamburger Rundschau vom 4. 9. 1986, Beitrag von Michaela Tzankoff

III. Perspektiven einer zukünftigen Kirche der Ökumene

25 Jörg Zink, Zu viele Stimmen

Zweierlei ist den Kirchen gemeinsam: Das eine ist dies, daß sie in einer zerstrittenen Welt gemeinsam für eine zerstrittene Kirche haftbar sind und diese ihre Schuld und Haftung nicht sehen können oder wollen. Das andere ist ihr gemeinsamer Ursprung in jenem Einbruch des Geistes fünfzig Tage nach Ostern in Jerusalem. Soweit die Bitte um den Geist Gottes und die Hingabe an den Auftrag Christi reichen, reicht die Kirche. Wenn eine Kirche behauptet, sie sei die einzig wahre, dann beweist sie, daß ihr der Geist Gottes, der freie, der wehende, unbekannt ist, daß sie also eben nicht ist, was zu sein sie vorgibt.

Denn Wahrheit ist ein Geschenk des Geistes Gottes, und das bedeutet etwas für den Geist, in dem man in den Kirchen nach Wahrheit sucht, Wahrheit vorzeigt. Mit Wahrheit schlägt man nicht zu. Wahrheit läßt man leuchten. Wahrheit ist ein Licht, nicht ein Geschoß. Wo Wahrheit ist, gehen Menschen einander unbewaffnet entgegen. Der Unbewaffnete wird nicht nur die Wahrheit nicht verlieren, er wird vor allem den anderen nicht hindern, ihr zu begegnen.

Wir werden noch lange mit einer Vielzahl von Kirchen leben müssen, aber wir werden die Grenzen zwischen der einen und der anderen nicht länger für die Grenze zwischen Wahrheit und Irrtum halten. Ich bin überzeugt, daß die Einladung Gottes an uns durch Menschen aller Zeiten und aller Christentümer ergangen ist, und die Sprecher, die sie heute hat, finde ich unter Freunden in allen Kirchen. Der Geist weht, wo er will, und über jeder Stelle, an der der Geist einmal geweht hat, kann Windstille eintreten. Wahrheit aber ist nur, wo der Geist weht.

Es geht ums Unterscheiden. Wir müssen unterscheiden lernen zwischen unserem Glauben und unseren Meinungen, damit wir unseren Bruder unterscheiden lernen von unserem Vorurteil über ihn und die Wahrheit vom Kampfruf unserer Partei. Unterscheiden aber ist eine der Gaben, die Gottes Geist gibt.

Die Kirche wird ihre Aufgabe an Menschen und Völkern niemals erfüllen können, solange sie in ihrem zerfahrenen, zerrissenen und zerstrittenen Zustand verharrt. Das steht endgültig fest. Sie soll die Schuld überwinden helfen, die zwischen den Völkern, den Erdteilen, der nördlichen und der südlichen Hälfte dieser Erde besteht, die Angst zwischen Ost und West, den Haß zwischen schwarz und weiß. Sie soll Brücken bauen, begehbare, tragfähige zwischen Völkern, Staaten, Kulturen oder Schichten der Menschen. Wie soll sie das können, wie sollen die Menschen glauben, sie sei von Christus beauftragt, solange sie mit Schuld, Angst und Haß, Vorurteil und Rechthaberei in ihren eigenen Mauern nicht zurechtkommt?

Das Ziel der Menschengeschichte ist die Gemeinschaft aller am Tisch Gottes. Es ist also das Ende aller Eigenbrötelei. Solange jede christliche Kirche, jede christliche Gemeinschaft ihre Ehre dareinsetzt, ihr eigenes Brot zu essen, ist vom Tisch Gottes auch nicht einmal als einem fernen

Ziel etwas zu ahnen. Die Kirche ist der Leib Christi. Das Brot, das sie ißt, ist Christus, und wer noch sein selbstgebakkenes Brot an den Tisch Gottes mitbringt, um es dort für sich selbst zu behalten, beweist, daß er den Sinn des Auftrags, den Christus seiner Kirche gab, gerade nicht erfüllt.

Die Kirche bedarf eines Leibes, weil das Wort eines Leibes bedarf. Die Kirche, die sich selbst unwichtig ist, ist der Leib des Worts, das Gott zu Menschen sprechen will. Die Einheit der Kirche liegt in dem Evangelium, das die Kirche auf die zuspricht, die seiner bedürfen. Sofern sie ihm ihre Stimme gibt, ist sie die wahre, ist sie die eine Kirche.

Aus: Jörg Zink, Erfahrung mit Gott

26 Christian Duquoc, Die ökumenische Funktion der kirchlichen Merkmale

Die Pluralität muß also – das ist die grundlegende Forderung des Ökumenismus – positiv gedacht werden. Jede Kirche ist herausgefordert, sich ihrer begrenzten Wahrheit und ihres geschichtlichen Versagens bewußt zu werden. Erst so gewinnt die Vielfalt der Kirchen eine neue Bedeutung. (...)

In der Tat kann über die Einheit der Kirchen nur diskutiert werden, wenn jede von ihnen mit einem gewissen Recht den Namen einer Kirche Jesu Christi verdient. (...)

Das ökumenische Handeln interessiert sich nicht für die Ursprünge der Trennung. Es bekennt vor Gott, daß jede Kirche einen Teil der Verantwortung für jene Unterschiedlichkeit der Kirchen ohne Gemeinschaft trägt. Gleichzeitig wendet es sich der Zukunft zu, der Schaffung einer Einheit, die gegenwärtig noch in keiner Kirche realisiert ist.

Eine solche Haltung ist für die katholische Kirche nicht selbstverständlich. *Entweder* versteht sie sich als vollkommene Gesellschaft und deshalb als strukturell identisch mit der idealen Kirche. Ökumenismus ist dann bloß Taktik. Er ist nicht mehr als ein – gewiß moralisch motiviertes – diplomatisches und politisches Handeln, das die von den Nichtkatholiken wahrgenommenen falschen Hindernisse aus dem Weg räumen soll. Das Ziel besteht darin, die Rückkehr der Nichtkatholiken in die katholische Kirche zu fördern. Im Grunde genommen stellt diese Taktik ein hinterlistiges Vorgehen dar, das die bewaffnete Gewalt des 16. und 17. Jahrhunderts durch die Gewalt der Diplomatie ersetzt. – *Oder* aber die katholische Kirche erkennt sich sogar in ihren Strukturen als unvollkommen an und gesteht, daß eine Politik, welche die Einheit der Kirchen anstrebt, substantielle Veränderungen für alle Partner beinhaltet. Sie räumt also ein, daß die gesuchte Einheit keine Rückkehr zum *status quo ante,* sondern eine Neuschöpfung darstellt. Eine solche Haltung setzt den Dialog um die Wahrheit und die Aufgabe der eigenen Sicherheiten voraus. Es ist die wohl größte Herausforderung des Ökumenismus für den institutionalisierten Katholizismus, die Zukunft nicht vorschnell festzulegen. Dann erst erhält die Vielfalt der Kirchen einen neuen Sinn. Es ist dann nicht mehr jene mit der Trennung der Kirchen verknüpfte Vielfalt, welche sich dem Eifer für das Gute und die Wahrheit verdankt. Die Praxis lädt dazu ein, die Vielfalt positiv als konkrete geschichtliche Bedingung für die Gemeinschaft der Kirchen zu bedenken.

Die Kirchen des Neuen Testaments sind vielgestaltig, aber sie stehen dennoch in Gemeinschaft. (...)
Solange nicht ein Modus der Einheit für die verschiedenen Kirchen mit ihrer mannigfaltigen kulturellen Verwurzelung gefunden wird, ist die gegenwärtige Situation einer starren oder repressiven organisatorisch-institutionellen Einheit vorzuziehen. Sie besitzt insofern Vorteile, als sie keine neuen Gegensätze mehr erzeugt und gleichzeitig einen Wettbewerb fördert, der auf der Respektierung der Unterschiede basiert und der daran arbeitet, eine nicht bloß formale, sondern wirkliche Gemeinschaft zu schaffen. Paradoxerweise zeichnet sich gegenwärtig vor dem Hintergrund der ökumenischen Bewegung die Zukunft ener *differenzierten* Einheit ab. Der Ökumenismus ermöglicht so eine Zukunft, die keine Kirche von sich aus, also unabhängig von den anderen Kirchen, eröffnen kann.

Aus: Christian Duquoc, Kirchen unterwegs

27 Klaus Huber, Basis für Gemeinsamkeit

Wir wollen
auch weiterhin
unseren Weg gehen
in Gemcinsamkeit

Jeder von uns
muß immer wieder
dem anderen
etwas schenken
von dem, was er hat:
Offenheit,
Vertrauen,
Liebe.

Jeder von uns
muß auch immer wieder
gegenüber dem anderen
etwas hinter sich lassen
von dem, was er hat:
Befürchtungen,
Ängste,
Prinzipien.

Auf diese Weise
vermögen wir
unseren Weg
weiterhin zu gehen
in Gemeinsamkeit.

Aus: Klaus Huber, Lebens-Spuren

28 Fotos von Kirchen

Der Petersdom in Rom

Kirche in Mali, Afrika

Aus: W. Trutwin, Forum Religion 4: Zeichen Gottes

Die Journalisten der Weltpresse waren eben daran zu rätseln, welche Schlagzeilen sie für Neujahr 2000 setzen lassen sollten, als die Telexe ihnen wie gewünscht eine Sensationsmeldung hereintippten: „Der Papst verkauft den Vatikan."
In der Tat hatte Papst Johannes XXIV. auf den 30. Dezember ein Konsistorium einberufen. Aber statt bloß die Glückwünsche der Kardinäle entgegenzunehmen und die gewohnte kirchen- und weltpolitische Rundschau zu geben, die im Grunde nichts sagte, vor allem nichts veränderte, hatte er sein ganz in Eigenregie und im geheimen entwickeltes Zukunftsmodell des Petrusdienstes vorgelegt, das die Welt aufhorchen ließ.
Er hatte in seiner Rede ausgeführt: „Das II. Vatikanische Konzil hat das historische Kirchenbild verändert und Impulse gegeben, die theologisch-theoretisch die Zustimmung gefunden haben, die aber pastoral-strukturell bisher noch nicht in die Praxis umgesetzt wurden. Es liegt mir sehr daran, zu gewissen Auswirkungen des Konzils mutig ja zu sagen ... Nicht nur Kleider machen Leute, auch Gebäude prägen den Menschen. Das Barock- und Renaissance-Milieu des Vatikans hat jahrhundertelang dazu beigetragen, in diesem kirchlichen Verwaltungszentrum einen Stil und eine Mentalität zu schaffen, die innerhalb dieser Gebäude schwerlich zu verändern sind; abgesehen davon, daß sich diese Räumlichkeiten als sehr teuer im Unterhalt und unfunktionell für die Arbeit erweisen. An der Schwelle des dritten Jahrtausends scheint mir daher der Zeitpunkt gekommen zu sein, historischen Ballast abzuwerfen ...
Deshalb habe ich beschlossen, den Vatikan mitsamt den Museen einer europäischen Kulturinstitution zum Kauf anzubieten. Aus dem Erlös werde ich anderswo ein bescheidenes, funktionelles Verwaltungszentrum für die lateinische Kirche erbauen lassen. Ich betone: für die lateinische Kirche. Ich verstehe darunter die Kirche der altchristlichen Länder der westlichen Welt, die aus der römischen Kultur herausgewachsen sind und die Kirche, wie sie konkret lebt, in ihrer historischen Gestalt geformt haben. Bezüglich der anderen Kontinente hat es dem Heiligen Geist und mir gefallen, ihrem je eigenen Kulturempfinden entgegenzukommen, ihnen nicht die ‚westliche' Kirche aufzuerlegen, ihnen eine große Autonomie und Kompetenz zu überlassen, so daß das Evangelium bei ihnen Fleisch und Form annehmen und seine neue Geschichte beginnen kann, damit so in Lateinamerika lateinamerikanische, in Afrika afrikanische und in Asien asiatische Kirche werde ...
Wenn der Vatikan verkauft wird, will das heißen, daß auch der Kirchenstaat nicht länger besteht, will das heißen, daß auch die Funktion der Nuntien zu Ende geht.
Ich selber werde meinen Sitz nach Jerusalem verlegen, um dort, unbelastet von allen geschichtlichen Animositäten, die mit dem Namen Rom verbunden sind, der größeren Ökumene zu dienen. Da alle Kirchen sich nach Einheit sehnen, aber – mit Recht – nicht unter die römische Kurie geraten wollen, glaubte ich, daß der Nachfolger Petri ein neues, evangeliumsgemäßes Modell vom ‚Zeichen der Einheit' anbieten sollte, das alle Kirchen annehmen könnten, um so vor der Welt der nichtchristlichen Religionen und des Unglaubens endlich wieder als eine Kirche mit dem gemeinsamen Zeugnis von Christus dazustehen. Ich werde deshalb möglichst bald mit den anderen christlichen

Kirchen in Fühlung treten, um zu erfragen, ob sie zu einem gemeinsamen Konzil – nennen wir es einmal Jerusalem II – bereit wären, um dort die Grundlagen zu legen, auf denen man sich, unbeschadet der verschiedenen Traditionen, gegenseitig als die eine Kirche Christi anerkennen würde. Ich meine nämlich, daß nur die verschiedenen kontinentalen katholischen Kirchen, zusammen mit den orthodoxen und protestantischen Kirchen, alle gemeinsam einigermaßen das Kirchesein ausschöpfen und die ‚Katholikè' in ihrer Fülle und Vielfalt in Erscheinung treten lassen. Ich möchte zudem in Jerusalem versuchen, die drei monotheistischen Religionen, die dort vertreten sind – Christentum, Judentum, Islam – und sogar die anderen großen Religionen zu einer Art Ökumene zusammenzubringen. Denn ich bin überzeugt, daß alle Gott suchenden und Gott liebenden Menschen einander nahe sein müssen und daß, wie alle Kirchen, so auch nur alle Religionen zusammen die Fülle des Wirkens des Heiligen Geistes zum Ausdruck bringen können.

Aus: Walbert Bühlmann, Von der Kirche träumen

30 Jürgen Moltmann, Christliche Gemeinschaft als offene Kirche

Jesus setzte sich nicht mit seinesgleichen zusammen, sondern mit den Ungleichen und den anderen, den Ausgeschlossenen seiner Gesellschaft. Das brachte ihn ans Kreuz. Das aber heißt: Gott liebt den Gottlosen. Er rechtfertigt die Sünder, er versöhnt die Feinde und immer gerade sie. Seine Liebe ist nicht wie die unsere vom Gleichen, vom Schönen und Bestätigenden angezogen, sondern ist eine schöpferische Liebe, die das Häßliche schön macht, das Falsche in die Wahrheit bringt und Böses in Gutes verwandelt ...
Was ist christliche Gemeinschaft anderes als die soziale Realität der „Rechtfertigung des anderen", seine Annahme und Anerkennung als Mensch? Die Kirche ist doch keine religiöse oder dogmatische Gemeinschaft von Christen, die alle das gleiche denken und fühlen, sondern ist die konkrete Überwindung der exklusiven und repressiven Gesellschaften an ihren Grenzen. Dann werden durch diese Gemeinschaft die Zäune zwischen den Menschen, die Angst und Verachtung aufgebaut haben, unterwandert und abgebrochen. In dieser schöpferischen Gemeinschaft gibt es nicht mehr Juden und Heiden, Griechen und Barbaren, Herren und Knechte, Männer und Frauen, Schwarze und Weiße: sie alle sind eins in Christus. Einer wird dem anderen zum Christus, zum Befreier aus seinen Engen und Grenzen. Christliche Gemeinschaft heißt nicht, neben jemandem zu sitzen, mit dem ich übereinstimme, sondern neben jemandem zu sitzen, mit dem ich nicht übereinstimme.
Eine Welle der Freiheit ging durch die antike Welt, als Menschen ihre Vorurteile überwanden, als sie ihre Nationen, Rassen, Klassen und Götter verließen und in der universalen Kirche die neue Humanität fanden; sie wurden das neue Gottesvolk und das dritte Geschlecht genannt. (...)
Ich meine: genau an solchen Fronten können wir heute auch die schöpferische Wirklichkeit der Liebe, der Rechtfertigung des anderen und der Kirche finden. Wo wir im Gegner das Bild Gottes achten, wo wir im Feind den erkennen, der geliebt ist wie wir, wo Verachtung durch Anerkennung und Kontrolle durch Vertrauen

ersetzt wird, da entsteht die echte Gemeinschaft in Christus. Wir brauchen eine gründliche Reform unserer Kirchentümer, um aus dem Geist der Parteiungen, der Konfessionsgenossen, der eigenen Lager und Herdeninstinkte herauszukommen und die Verheißungen der offenen Kirche einzulösen ...
Zwar: es ist wahr, was wir von dieser schöpferischen Gerechtigkeit der Liebe in unserem Leben verwirklichen können, das sind immer nur Fragmente und nur kleine Schritte, aber es gehört zur Vision der christlichen Hoffnung, in den Fragmenten schon die Form des kommenden Ganzen und in den irdischen Scherben seiner Kirche schon die Schönheit des kommenden Friedensreiches Christi zu sehen. Was an produktiver Rechtfertigung des anderen von Christen verwirklicht wird, ist immer menschlich und meistens allzu menschlich; aber ich glaube doch, daß sich darin das Sakrament der Hoffnung für die Zukunft des Menschengeschlechtes ereignet.

Aus: Jürgen Moltmann, Die Sprache der Befreiung

31 Werner Rück/Hansjörg Volk, Aufgaben für eine Gemeinde der Zukunft

Im folgenden sind Gesichtspunkte zusammengestellt, die für eine Gemeinde der Zukunft von Bedeutung sein könnten. Ordnen Sie bitte die Punkte nach ihrer Wichtigkeit! (Sie können auch eigene Vorschläge einfügen!)
Die christliche Gemeinde wird eine Gemeinde der Zukunft sein, wenn sie:

- die Botschaft Jesu verkündet
- Eucharistie feiert
- den Armen hilft
- die Sakramente spendet
- sich für mehr Gerechtigkeit einsetzt
- die Menschen zum ewigen Heil führt
- sich um Randgruppen kümmert
- für Ordnung in der Welt sorgt
- Moral und Sitte hochhält
- Gott preist und lobt
- für die Menschen betet
- Schuld vergibt
- sich für eine bessere Welt einsetzt
- Frieden schafft
- eine ideale Gemeinschaft vorlebt
- eine kritische Funktion in der Gesellschaft einnimmt
- die Heilssendung Jesu weiterführt
- die Politiker zu Gerechtigkeit und Frieden auffordert
- den Menschen in seelischer Not hilft
- Heil vermittelt
- sich für menschenwürdiges Leben einsetzt
- die Einheit der Christen anstrebt
- sich für Brüderlichkeit unter den Menschen einsetzt
- auf Reichtum und Macht verzichtet
- ihren Gottesdienst der Zeit anpaßt
- neue Dienste und Ämter in der Gemeinde einführt
- die heilige Schrift auslegt
- zu allen wichtigen Fragen Stellung nimmt
- verkündet, was für den Menschen wichtig ist

Aus: W. Rück / H. Volk, Kirche für die Zukunft

IV. Sequenz: Basisgemeinden und Basisbewegungen: Hoffnungszeichen einer neuen Kirche

32 Signet der „Initiative Kirche von unten“

Aus: Materialdienst des VKR – Niedersachsen: Kirche – Ergänzung

33 Norbert Greinacher, Die Basisgemeinden

Das Charakteristische an den Basisgemeinden Lateinamerikas scheint mir zu sein, daß sich Gruppen von Christen gebildet haben, die regelmäßig zusammenkommen, die versuchen, ihr alltägliches Leben, ihre Leidensnöte und Freuden, ihre Probleme und Schwierigkeiten im Lichte des christlichen Glaubens zu interpretieren, die miteinander Gottesdienst feiern und – dies ist sehr wichtig! – gemeinsam versuchen, ihre Situation der Unterdrückung zu verändern. Gerade diese enge Verbindung von konkreten gesellschaftlichen und politischen Aktionen zur Verbesserung ihrer Situation und die ständige Konfrontation mit dem und Meditation über den Glauben ist typisch für sie. Traditionell gesprochen könnte man von einer engen Verbindung zwischen vita activa und vita contemplativa sprechen.

In den Basisgemeinden ist der Sache nach sehr oft das spürbar, was P. Freire die Bewußtmachung genannt hat. Dies bedeutet: In den Basisgemeinden, deren Mitglieder zum größten Teil aus den untersten sozialen Klassen kommen, wurde ein Prozeß initiiert, in dessen Verlauf die Menschen von ihrer Lethargie und von ihrem Fatalismus allmählich befreit wurden. Ihnen wurden ihre eigenen Nöte erstmals bewußt, sie kamen allmählich dazu, ihre Leiden begrifflich zu erfassen. Allmählich lernten sie erkennen, daß es auch Alternativen zu ihrem Leben gibt, daß ihre Lage nicht so sein muß und daß sie selbst etwas zur Veränderung ihrer Abhängigkeitssituation tun können. Dies ist ein langer Weg, mit vielen Mißerfolgen gepflastert. Dennoch ist es ganz erstaunlich, mitzuerleben, wie z. B. Frauen, wie alte Menschen, wie Analphabeten, wie unterdrückte Campesinos über ihre Probleme sprechen, ihre Situation analysieren, politische Konsequenzen daraus ziehen und Verantwortung übernehmen können. In diesen Basisgemeinden vollzieht sich tatsächlich so etwas wie ein Prozeß der Befreiung und Menschwerdung.

Das erstaunliche an diesen Basisgemeinden ist, daß sie eine wirkliche Bewegung sind, ein Zeichen der Zeit, das zweifellos aus der Inspiration des Geistes Gottes in der Kirche entstanden ist. Niemand hat sie angeordnet; sie kamen nicht auf Beschluß einer Bischofskonferenz zustande. Etwas vereinfacht ausgedrückt: Auf einmal waren sie da! (...)

Aus: Norbert Greinacher, Die Kirche der Armen

34 Leonardo Boff, Kirchliche Basisgemeinden: eine neue Art, Kirche zu leben

Die Kirchliche Basisgemeinde ist nicht nur ein Instrument der Evangelisierung unter den breiten Schichten des Volkes. Sie ist eine neue Art, Kirche zu leben und das Mysterium der Erlösung lebendig und in Gemeinschaft zu konkretisieren. Die Kirche besteht ja nicht nur aus einer institutionellen Komponente, aus Schrift, Hierarchie, sakramentaler Struktur, kanonischer Gesetzgebung, liturgischen Normen, orthodoxer Lehre und moralischen Imperativen. All dies ist verpflichtend und stellt einen zeitlich unbegrenzten Wert dar. Doch die Kirche ist auch Ereignis, Kirche im Werden. Sie bricht auf, wird geboren und immer wieder neu dar-

gestellt, wenn Menschen sich versammeln, um das Wort Gottes zu hören, es gläubig anzunehmen und sich gemeinsam auf den Weg der Nachfolge Christi zu machen. Genau das geschieht in den Kirchlichen Basisgemeinden. (...)
Mit der Kirchlichen Basisgemeinde eröffnet sich die Möglichkeit einer größeren Beteiligung und Ausgewogenheit aller kirchlichen Funktionen. Die Laien entdecken ihr Maß an Verantwortung neu. Auch sie sind Nachfolger der Apostel in dem Maß, in dem sie Erben der Lehre der Apostel sind. Auch sie sind mitverantwortlich für die Einheit des Glaubens und der Gemeinde. Die Bischöfe verlieren dadurch in keiner Weise ihre unersetzliche Funktion. Man muß ja beachten, daß die Apostolizität nicht nur Charakteristik einiger Mitglieder der Kirche (Papst und Bischöfe), sondern der ganzen Kirche ist. Innerhalb der Kirche haben die Gläubigen auf verschiedene Weise an dieser Apostolizität teil. In den Kirchlichen Basisgemeinden entdecken die Laien den apostolischen und missionarischen Geist neu. Es ist nicht selten, daß eine Gemeinde neue Gemeinden gründet und in ihrem Wachstum unterstützt.

Aus: Leonardo Boff, Kirche: Charisma und Macht

35 El Salvador – geographische Lage

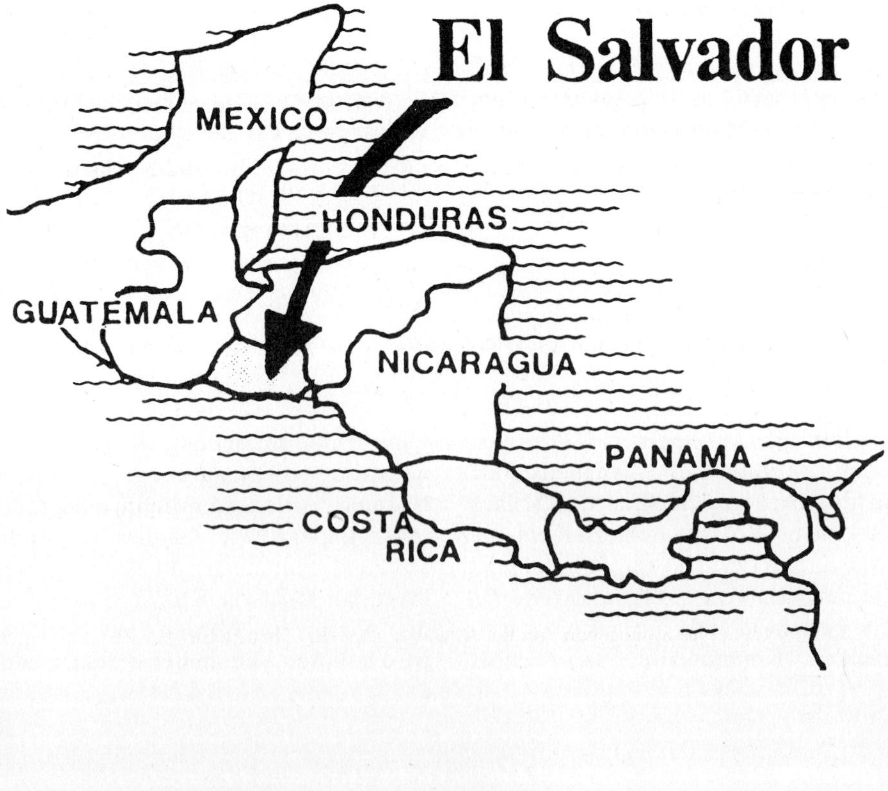

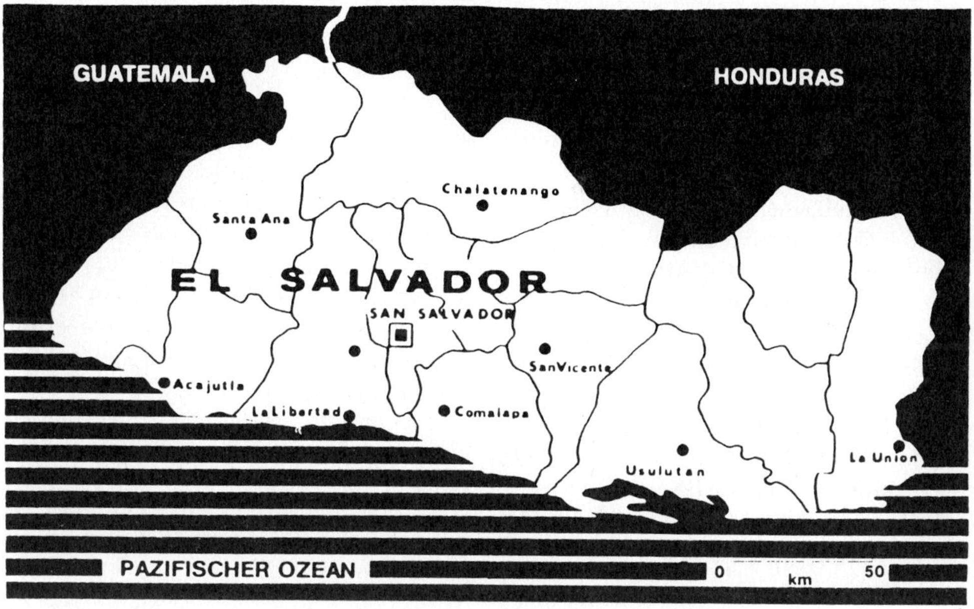

36 El Salvador in Zahlen

Fläche	ca. 21 000 qkm
Bevölkerung	ca. 5 Mio. Einwohner
davon Landbevölkerung	57 %
Flüchtlinge	ca. 1,5 Mio. im In- und Ausland
Analphabetenrate	ca. 40 % in der Stadt ca. 70 % auf dem Land
Landverteilung	2,2 % der Bevölkerung gehören 64,5 % des Bodens
Arbeitslosigkeit/Unterbeschäftigung	60 %
...	...
Politische Gefangene	ca. 1000 (Stand 1986)
Auslandsschulden	ca. 2 Mrd. Dollar (Stand 1985)
Export	Kaffee, Baumwolle und Zucker stellen 80 % der Exporte dar
Staatshaushalt	50 % für öffentliche Sicherheit und Verteidigung

Aus: El Salvador 1987, herausgegeben von der Informationsstelle El Salvador

37 El Salvador – Beispiel für ein abhängiges „Dritte-Welt-Land" mit einem unterdrückten Volk

Der mittelamerikanische Kleinstaat El Salvador könnte seinen Bewohnern an landwirtschaftlichen Produkten eigentlich eine gute Grundversorgung bieten, da das Staatsgebiet aus fruchtbarem Gebirgs- und Hügelland besteht. Das Klima ist tropisch, feucht heiß, in Höhen über 1800 Metern gemäßigt und begünstigt die Landwirtschaft. Die Durchschnittstemperaturen bewegen sich zwischen 15 und 30 Grad. Doch die politisch-sozialen Verhältnisse lassen den größten Teil der Bevölkerung in bitterer Armut und Unfreiheit leben; viele Menschen hungern.

Das kleinste und dichtbevölkertste Land Zentralamerikas (ca. 5 Millionen Einwohner) wird von einer Handvoll Großgrundbesitzer und den mit ihnen verbündeten Politikern und Militärs beherrscht. Die Unterdrückung der politischen Opposition durch „Sicherheitskräfte" und sogenannte Todesschwadrone, welche fast ungehindert dem Regime mißliebige Personen ermordeten – die Mitglieder der Todesschwadrone stehen in enger Verbindung mit den Sicherheitskräften –, haben dazu geführt, daß in den siebziger Jahren eine bewaffnete Widerstandsbewegung (Guerilla) entstand. Seit 1980 entwickelte sich ein mörderischer Bürgerkrieg, der bisher über 70 000 Menschen das Leben kostete. Auf militärische Erfolge der Guerilla reagierte das Militär bisher mit zunehmendem Terror gegenüber der Landbevölkerung, der sich in Bombardements von Dörfern, Verwüstung von Feldern und willkürlichen Verhaftungen von Zivilisten äußert. Zielsetzung dieser „Aktionen": Entzug der Lebensgrundlagen für die Guerilla und Einschüchterung der Bevölkerung. Letzter Höhepunkt des Bürgerkrieges war die sogenannte Novemberoffensive von 1989, in der die Guerillabewegung FMLN große Teile der Hauptstadt San Salvador besetzte. Die Militärs reagierten darauf mit Maschinengewehrfeuer aus Hubschraubern auf Elendsviertel der Hauptstadt, in denen sich die Guerillakämpfer verschanzt hatten. Mehr als 2500 Menschen – mehrheitlich Zivilisten – verloren während dieser Offensive unter grausamen Umständen ihr Leben. Es gilt als sicher, daß sich das Regime in El Salvador (gesteuert von der rechtsradikalen Arena-Partei) nur deshalb bisher an der Macht halten konnte, weil die Vereinigten Staaten den Herrschenden dieses Landes Milliardenbeträge an Militär- und Entwicklungshilfe zukommen ließen (zu einem großen Teil durch die Furcht bedingt, daß „vor der Haustür" der USA ein „neues Kuba" entstehen könnte). Nachdem sich in dem über zehn Jahre dauernden Bürgerkrieg ein militärisches Patt entwickelt hatte und der Ost-West-Konflikt verschwunden war, gab es ernsthafte Verhandlungen zwischen der FMLN und der Regierungsseite. Unter UN-Vermittlung trat am 1. 2. 1992 ein Waffenstillstand und ein Stufenplan zur Reduzierung des Militärs, zur Bildung einer neuen Polizei und zur Integration der FMLN-Guerilla ins zivile Leben in Kraft. Bis zu einem wirklichen Frieden in El Salvador ist es allerdings noch ein weiter Weg. Immer noch kommt es zu schweren Menschenrechtsverletzungen und Repressionen gegenüber der Bevölkerung durch Todesschwadrone und Sicherheitskräfte.

Der Bürgerkrieg verschärfte natürlich die ohnehin schlechte wirtschaftliche und soziale Lage. El Salvador muß selbst Grundnahrungsmittel auf dem internationalen Markt einkaufen; 4,5 Prozent der Importe bestehen aus Nahrungsmitteln. Der kriegsbedingte Terror führte dazu, daß ca. 1,5 Millionen Flüchtlinge im benachbarten Ausland leben oder innerhalb des Landes vertrieben sind; diese leben zum großen Teil in Slums am Rande der großen Städte. Die ärztliche Versorgung der armen Bevölkerung ist völlig unzureichend. Krankheiten aufgrund von unzulänglichen hygienischen Verhältnissen und Mangelerscheinungen infolge Unterernährung sind sehr häufig.

Menschen, die friedlich gegen die Unterdrückung der Mehrheit der Bevölkerung kämpfen, werden immer noch eingeschüchtert, verhaftet, gefoltert und ermordet. Teilweise „verschwinden" solche Menschen einfach. Betroffen davon sind vor allen Dingen Frauen und Männer aus der politischen Opposition, den Gewerkschaften, den Menschenrechtsorganisationen und den Kirchen, die sich in Reden, in den Massenmedien oder auf Demonstrationen gegen die Praktiken von Militär und Regierung wenden. Häufig werden aber auch völlig Unbeteiligte Opfer von Willkür und Denunziation. Prominente Beispiele sind der 1980 während einer Messe erschossene, als „Anwalt der Armen" bekannte Erzbischof von San Salvador, Oscar Romero, und fünf spanische Jesuiten sowie zwei Frauen, die 1989 während der „Novemberoffensive" von Mitgliedern eines Elitebataillons ermordet wurden. In beiden Fällen lassen sich Verbindungen der Täter bis in die Regierungsebene rekonstruieren. Kirchenmitglieder, vor allem Katechetinnen, Katecheten und Priester, welche sich um die Armen in irgendeiner Weise kümmern, werden von Sicherheitskräften unter Druck gesetzt. Vor allen Dingen Basisgemeinden werden von ihnen mißtrauisch beobachtet, weil sie die Selbständigkeit der Armen fördern.

M. Schmidt-Kortenbusch

38 Bilder aus der „Colonia 22 de Abril“

Wohnsituation:

Kirche:

Kindertagesstätte:

39 Kirche an der Basis: Die Gemeinde vom 22. April („22 de Abril") in El Salvador – Eindrücke eines Besuchers aus Deutschland

Als ich vor drei Jahren das erste Mal in der Gemeinde „22 de Abril" war, erfuhr ich, wie sich deren Gründung vollzog. – Eine für Lateinamerika nicht untypische Geschichte! Es ist jetzt ungefähr 20 Jahre her, da zogen Männer, Frauen und Kinder aus der Hauptstadt San Salvador aus und suchten eine neue Heimstatt. Sie konnten die Mieten einfach nicht mehr bezahlen. Arbeitslosigkeit und Preiserhöhungen vertrieben sie. El Salvador ist dicht besiedelt; jeder nutzbare Quadratmeter im Umkreis der Hauptstadt ist bebaut oder gehört Reichen, die keine Obdachlosen auf ihrem Grund haben wollen. Um unerwünschte Siedler zu vertreiben, werden auch schon mal die Polizei oder das Militär gerufen. Und die sind nicht „zimperlich". Arme gelten für die Reichen und die Sicherheitskräfte als Gesindel. Deshalb besiedelten die von den hohen Mieten Vertriebenen eine Müllkippe am Rande der Hauptstadt, in Soyapango. Dort ließ man sie gewähren, Hütten aus Abfällen bauen und primitive Pfade zwischen den dichtgedrängten, teilweise löchrigen „Behausungen" anlegen. An einem 22. April gründete man die Siedlung „Colonia 22 de Abril". Anfang der achtziger Jahre, als die salvadorianische Luftwaffe in den Konfliktgebieten verstärkt Dörfer bombardierte und Massaker an der Zivilbevölkerung anrichtete, kam eine neue Welle von Flüchtlingen auf die Colonia 22 de Abril zu; sie quetschten sich auf jeden freien Meter, an steile, erdbeben- und erdrutschgefährdete Abhänge, rechts und links neben eine Eisenbahnstrecke und rund um einen Sportplatz herum. So entstand ein Elendsviertel mit mehreren tausend Menschen, oft Frauen ohne Männer mit vielen Kindern, die so keine Väter mehr haben. Die Männer sind oft den schlimmen Lebensverhältnissen entflohen, ließen ihre Familien „im Stich" und arbeiten teilweise in den USA; andere stehen sich als Feinde auf der Seite der Guerilla oder des Militärs gegenüber. Die Frauen sind den ganzen Tag auf der Suche nach Eßbarem, um sich und die Kinder zu ernähren. Sie versuchen sich mit dem Verkauf von Billigwaren oder Obst oder durch Betteln „durchzuschlagen". Für die Kinder haben sie nur noch wenig Zeit; diese lungern herum oder bauen sich aus Abfällen Drachen, die sie steigen lassen, letztlich eine eintönige Beschäftigung. So sind die meisten Kinder unterernährt, in Gefahr für ihr ganzes Leben bleibende Schäden zu erleiden. Viele Menschen in diesem Viertel werden durch die völlig unzureichenden hygienischen Verhältnisse krank und haben keine regelmäßige Beschäftigung.

Aber auch in diesem Slum gibt es eine Kirchengemeinde. Diese wird von einem deutschen Dominikanerpater geleitet. Weil er es für sinnlos hält, angesichts der beschriebenen Situation die Gemeinde in erster Linie mit Gottesdiensten und sakramentalen Handlungen zu versorgen, ohne auf die katastrophale soziale Situation der Menschen einzugehen, hat er die Mitglieder der Gemeinde von vornherein dazu ermutigt, ihre Lage genau zu analysieren, sich zu organisieren und etwas gegen ihr Elend zu unternehmen. Schon seit langem wird die Gemeindeleitung von einem gewählten Pastoralteam ausgeübt, das alle wichtigen Beschlüsse sorgfältig diskutiert und dann *gemeinsam* Beschlüsse faßt.

Die Arbeit der Gemeinde orientiert sich im Sinne einer „Theologie der Befreiung" an der Sorge um menschenwürdiges Leben und Überleben. Was der Staat, der bisher 50 % der Haushaltsmittel zur „Aufstandsbekämpfung“ einsetzte, an sozialen Institutionen eigentlich bereitstellen müßte, aber nicht zu leisten bereit ist, versucht die Gemeinde zu ersetzen. Vor allem Kinder und Flüchtlingsfamilien stehen im Mittelpunkt ihres Engagements: Mit vier Kindertagesstätten, zwei Schulen, zwei ambulanten Kliniken, einem Wohnungsbauprojekt, einer Farm auf dem Lande und zwei gemeindeeigenen Handwerksbetrieben versuchen die kirchlichen Mitarbeiter die Lage der Menschen etwas zu verbessern – Konfessionszugehörigkeit spielt dabei keine Rolle –, wobei es sich angesichts der Größe der Not um ein ständiges Stopfen von Löchern handelt. Dabei geht es nicht einfach um eine Versorgung der Armen, um Almosen; vielmehr arbeitet man genossenschaftlich (z. B. beim Wohnungsbauprojekt) oder regt bei der gesundheitlichen Betreuung gleichzeitig zur Gesundheitsvorsorge und zu verbesserter Hygiene an. Mitarbeiterinnen und Mitarbeiter werden bevorzugt aus der „Colonia“ genommen. Alle Institutionen der Gemeinde werden kollegial geleitet und sind an den Bedürfnissen der Ärmsten ausgerichtet; dies bedeutet nicht, daß es nicht auch hier Konflikte oder Versuche gibt, auf Kosten anderer seine eigene Not oder die der eigenen Familie zu lindern. Die große Armut läßt ein ideales christliches Handeln auch hier nicht zu. Aber die Arbeit der Gemeinde zeigt erste Früchte. Viele Menschen sind selbstbewußter und optimistischer geworden. Trotz des Elends und ständiger Bedrohung durch die mißtrauischen Sicherheitskräfte und den Bürgerkrieg wird der europäische Besucher von der Spontaneität, Lebensfreude, Liebenswürdigkeit und der Zuversicht dieser Menschen fasziniert; man lacht und feiert gerne in dieser Pfarrgemeinde. Obwohl ihre Arbeit ständig in Frage gestellt wird – 1986 ein schweres Erdbeben, das viele Hütten zerstörte; 1989 Kämpfe zwischen Militär und Guerilla in diesem Viertel –, geben die Menschen, die ich besucht habe, nicht auf, sprechen in einer Natürlichkeit über ihren Glauben und übertragen die Aussage von Bibelstellen direkt auf ihre Lebenssituation, wie es in Europa kaum vorstellbar ist. Hilfe zur Selbstorganisation ist das Prinzip der Gemeindearbeit. Und so werden in den Kindertagesstätten und Schulen die Kinder nicht nur gut versorgt und behütet, sondern angeregt, ihre eigenen Interessen und Fähigkeiten wahrzunehmen und Gemeinschaftlichkeit auszuprägen, obwohl der Kampf um das Überleben zum Einzelkämpfertum und zur Isolation verführen kann. Doch dieses Gemeinde- und Glaubensverständnis ist bei vielen, gerade älteren Menschen, nicht leicht durchsetzbar: Mehr als in Europa denkt man in dem Schema Autorität – Gehorsam. Der Pater sagte z. B. in einer Osterpredigt, er habe in El Salvador in fünf Jahren häufiger das Wort „Gehorsam“ gehört als sein ganzes Leben vorher. Er deutet das als eine Folge der jahrhundertelangen Unterdrückung durch Staat und Kirche.

Diese Art befreiender Basisarbeit wird von den Mächtigen in El Salvador mit Mißtrauen beobachtet. Man fürchtet, die Leute könnten selbstbewußt werden und ihre Rechte fordern. So werden in der Gemeinde 22 de Abril immer wieder Mitarbeiter bedroht und verhaftet. 1989 wurden zwei Männer und eine Frau, die nichts anderes getan hatten, als für die Armen in diesem Viertel zu sorgen, von der Polizei mitgenommen. Alle drei wurden furchtbar gefoltert (Schläge, Hervorrufen von Erstickungsanfällen, Elektroschocks), einige Monate festgehalten und nur auf Druck ausländischer Menschenrechtsgruppen und Kirchengemeinden wieder freigelassen. Die Leiterin einer Kindertagesstätte, E., mußte sich nach ihrer Freilassung für einige Zeit ins Ausland absetzen. Obwohl diese Menschen Angst haben, lassen sie sich letztlich nicht einschüchtern, weil ihre Liebe zu den Armen und ihr Selbstbehauptungswillen stärker sind als ihre Angst. Und auch E. arbeitet trotz ihrer Verhaftung weiter für die Kinder in den Tagesstätten. Jedoch brauchen diese Menschen Unterstützung von außen; obwohl sie vielmehr davon bräuchten, bekommen sie etwas davon von mehreren Partnergemeinden im Ausland, welche Einrichtungen in der Gemeinde finanziell fördern und persönliche Kontakte zwischen Menschen in der Gemeinde „22 de Abril" und in westlichen Industrieländern herstellen. Diese Partnergemeinden sehen es auch als wesentliche Aufgabe an, das Bewußtsein der Menschen in ihren Ländern dafür zu schärfen, daß das globale Wirtschaftssystem ungerecht ist, weil es die Industrieländer begünstigt und in der „Dritten Welt" durch wachsende Verelendung viele Menschenleben fordert.

M. Schmidt-Kortenbusch

40 Karikatur von Werner Küstermacher

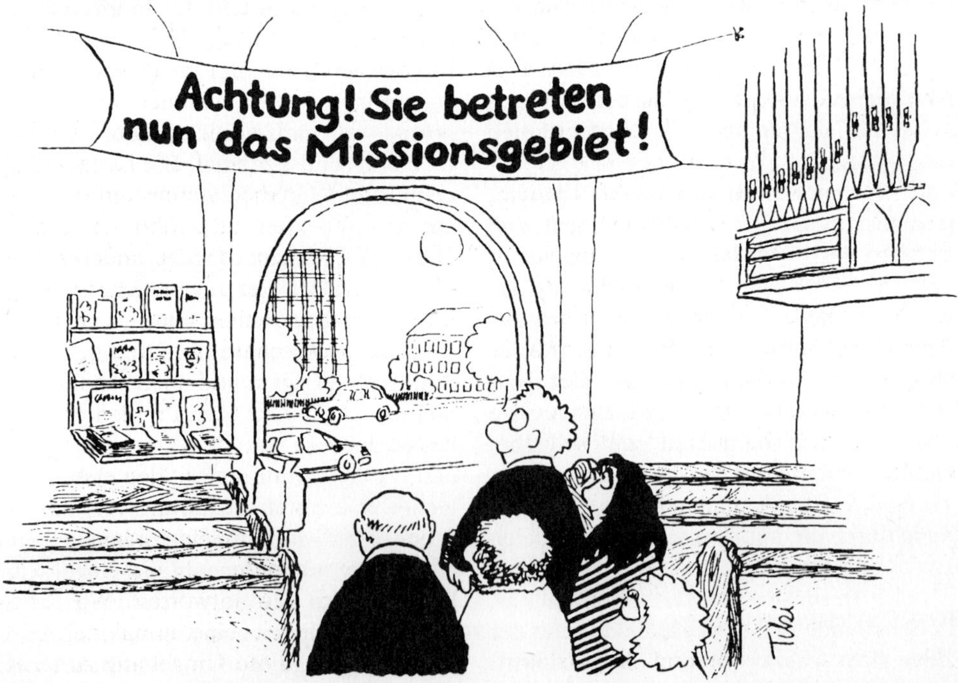

41 Georg Bienemann u. a., Das Evangelium leben: St. Aegidio in Rom

Schauen wir nach Italien. Im Jahr 1968 taten sich 15 Schüler und Schülerinnen eines römischen Gymnasiums zusammen. Der Wunsch der Jugendlichen war, selbst etwas Neues aufzubauen. Sie trafen sich zum Gebet und lasen gemeinsam das Evangelium. Sie ließen sich mit der Not der Menschen in Rom konfrontieren. Sie begegneten Unterdrückten und Armen. In den Außenvierteln Roms begannen sie tätig zu werden. Sie gaben Nachhilfeunterricht, halfen Alten und Kranken, sie verkündeten den Menschen das Evangelium, die der Kirche fern waren.
Heute ist aus diesem kleinen Schülerkreis eine große Gemeinschaft von Jugendlichen und Erwachsenen geworden. Wer einmal nach Rom kommt, sollte zur Kirche St. Aegidio gehen. Hier lebt die Gemeinschaft, d. h. hier treffen sie sich zur Schriftlesung und zum Gebet. Einige wohnen auch hier. Die meisten leben irgendwo in Rom, gehen ihrem Studium oder ihrer Arbeit nach. In ihrer Freizeit, am Abend oder Wochenende sind sie mit ihren Freunden zusammen. Als Freunde bezeichnen sie die Hilfsbedürftigen, die Armen, die Kranken und Alleingelassenen. Es sind mittlerweile über tausend junge Christen, die zur Gemeinschaft St. Aegidio gehören. Ich finde, ein ganz hoffnungsvolles Zeichen innerhalb der Kirche. Als ich im Herbst 1986 zum ersten Mal bei der Gemeinschaft zu Gast war, konnte ich etwas davon spüren, wie ernst sie das Evangelium nehmen und daraus leben.

Ein Bericht von Mitgliedern der Gemeinschaft St. Aegidio

„Die jungen Arbeiter und Arbeitslosen, die in den Randgebieten der Stadt wohnen, bilden eine der besonderen Zielgruppen unter den Jugendlichen, an die sich die Gemeinschaft wendet.
In einer Umgebung, die so wenig Halt bietet, wie der der Borgate Roms, ist es sehr schwer, jung zu sein. Die Gewalt, unter der man jahrelang lebt, schafft eine ‚Kultur der Gewalt', in der jeder einmal zum Opfer und Täter wird. Diese Situation macht jede Form von Eingliederung sehr schwer und zwingt viele Jugendliche zu einem schwierigen und oft unmenschlichen Leben. Viele von ihnen hatten eine viel zu kurze Kindheit und mußten von klein auf die Wirklichkeit der Ausbeutung erfahren. Die gleiche Erfahrung machen im Grunde auch diejenigen, die vielleicht keinen so extrem harten Weg hinter sich haben, aber in Vierteln herangewachsen sind, wo sie unter der versteckten Gewalt des Desinteresses und der Indifferenz litten.
Ein Jugendlicher, der in dieser Realität groß wird, ist tief gezeichnet von der Last seiner eigenen Geschichte und seinen eigenen Voraussetzungen. Die harte und oft zermürbende Arbeit nimmt einen Großteil des Tages ein und führt letztlich an den Punkt, an dem es nichts anderes mehr neben ihr gibt. Der Jugendliche trägt die Last der vielen kleinen Dinge, von der familiären Atmosphäre mit ihren gewöhnlichen Spannungen und ihrer Indifferenz bis hin zum drückenden Problem der Arbeitslosigkeit.
Die Gemeinschaft hat seit den ersten Jahren ihrer eigenen Erfahrung versucht, in diese Umgebung hineinzukommen, um auf die Herausforderung, die eine solche Welt darstellt, zu antworten. Wir sahen die Notwendigkeit, eine aufnahmebereite menschlich-religiöse Umgebung zu schaffen, in der jeder im Licht des Evangeliums, das vom Dienst an den Armen und

Kleinen spricht, den Sinn seines eigenen Lebens wieder entdecken könne. So sind in den Stadtvierteln eine große Anzahl von Gemeinschaften entstanden, in denen Jugendliche durch das Lesen des Evangeliums, durch Freundschaft und Solidarität endlich zu einem erfüllten und von Interesse geprägten Leben finden konnten."

Die Tätigkeit der Gemeinschaft

- Kindergärten (200 Kinder) und Pädagogikkurse für die Eltern
- Nachhilfe und Beschäftigungen für 1000 Kinder im schulpflichtigen Alter
- Kostenlose Ferienprogramme für benachteiligte Kinder und Jugendliche
- Büchertauschgenossenschaften
- Lebensmittelgenossenschaften
- Häusliche Betreuung für mehr als 500 alleinstehende alte Leute
- „Wohngemeinschaft" für 15 alte Leute, die sich nicht selbst versorgen können
- Tages-Begegnungszentrum für körperlich und geistig Behinderte
- Gruppe für die Hilfe „auf der Straße" (für Clochards ...)
- Sommerferien für alte Leute
- Alphabetisierungskurse für junge Arbeiter und Erwachsene
- Arbeitsgenossenschaft für arbeitslose Jugendliche
- Tageszentrum für alte Leute
- Studienzentren und Bibliotheken in den Stadtvierteln
- Freiwilligengruppe für die Hilfe und den Beistand in Erdbebengebieten (1980–81 haben sie in Norcia gearbeitet und 1981–82 in Irpinia).

Aus: Georg Bienemann u. a., Labyrinth Leben

42 Wolfgang Christmann, Ökumenisches Nachbarschaftszentrum „Calenberger Laden"

Am 19. 11. 1988 wurde Jubiläum gefeiert: 10 Jahre Calenberger Laden. Der Calenberger Laden ist ein ehemaliger Ausstellungsraum für Waschmaschinen und andere Haushaltsgeräte im hannoverschen Stadtteil Calenberger Neustadt.
Die evangelische St. Johannis-Gemeinde und die katholische St. Clemens-Gemeinde haben schon sehr früh eine ökumenische Zusammenarbeit begonnen. In einem Gesprächskreis treffen sich regelmäßig Mitglieder beider Gemeinden. Vor 10 Jahren kam die Idee auf, nicht nur zu reden, sondern etwas selbst zu tun. Konkrete Idee: Wir mieten einen Laden, der eine offene Begegnungsstätte für Menschen aus dem Stadtteil wird, die den Kontakt zur Kirche verloren haben.
Die Idee stieß nicht überall auf offene Ohren. Kirchliche Gremien wie Pfarrgemeinderat und Kirchenvorstand fühlten sich übergangen. Das ganze Unternehmen schien einigen doch sehr suspekt. Trotz dieser Schwierigkeiten wurde ein Raum gefunden und angemietet. Mitglieder des Gesprächskreises und einsatzfreudige Jugendliche renovierten den Laden in Eigenarbeit. Einer der beiden evangelischen Pastoren entdeckte sogar neue Fähigkeiten als Teppichbodenverleger.
Zur Eröffnung war der Laden das erste Mal überfüllt. Natürlich war es nicht immer so voll seitdem. Es bildeten sich Gruppen wie der „Gott-und-die-Welt-Gesprächskreis", in dem jeden Dienstagabend Jugendliche und Erwachsene heftig miteinander diskutieren. Ein Vormittagstermin wurde zeitweise sogar zum belieb-

ten Schulschwänzertreff für Leute, die mehr Interesse an einem offenen Gespräch als an Infinitesimalrechnung hatten.
Das anfangs nicht vorhandene Programm des Ladens hat sich immer wieder verändert. Auch die Mitarbeiter wechselten: Einige hatten nach mehreren Jahren ehrenamtlicher Arbeit erst einmal genug. Sie wurden zum Teil durch eine hauptamtliche ABM-Kraft ersetzt.
Erstaunlich für solch ein Projekt ist vor allem, daß es diesen Laden auch nach 10 Jahren noch gibt:
Mutter und Kind-Treff, Handarbeitskreis, Gott und die Welt-Gespräche, Seniorinnentreff, Jugendcafé Abraxas, Erwerbslosen-Abendbrot, Geschichtswerkstatt, Doppelkopf und der Sonntagstreff der trockenen Alkoholiker bildeten 1988 das Programm.
Der Mitarbeiterkreis ist immer noch unabhängig. Es gibt keinen Trägerverein und keinen Vorstand. Pfarrer und Pastoren sieht man äußerst selten im Laden. Für Miete und Energiekosten gibt es einen Zuschuß der beiden Kirchen, der jedes Jahr wieder neu beantragt werden muß und der mehrmals schon mit dem Zusatz „zum allerletzten Mal" versehen war. Ansonsten finanziert sich die Arbeit durch verkauften Kaffee, Tee und Kuchen selbst.

Aus: Materialdienst des VKR – Nidersachsen: Kirche

43 Karl Rahner, Christliche Basisgemeinden in der Kirche

Basisgemeinden sind heute für die Kirchen notwendig. Die Kirchen der Zukunft werden Kirchen sein, die sich von unten durch Basisgemeinden freier Initiative und Assoziation aufbauen. Es sollte alles getan werden, um diese Entwicklung, die schon begonnen hat, nicht zu unterbinden, sondern zu fördern und in den richtigen Bahnen zu halten. Um zu verstehen, was damit gemeint ist, muß man an die Situation der Kirchen denken, wie sie heute schon in erheblichem Umfang gegeben ist und noch mehr werden wird:
Konkret und gesellschaftlich gesehen werden die Kirchen nicht mehr so wie früher, einfach durch das Bestehen ihres Amtes, ihrer gesellschaftlichen festen Strukturen und durch ein Bewußtsein ihrer Selbstverständlichkeit in der öffentlichen Meinung da sein und auf dieser Basis neue Mitglieder für sich rektrutieren, einfach indem die Kinder den Lebensstil ihrer Eltern übernehmen und fortsetzen und von der Kirche getauft und indoktriniert werden. Die Kirche wird nur real und nicht bloß in der Theorie da sein, indem sie immer neu wird durch die freie Glaubensentscheidung und Gewissensbildung der einzelnen inmitten einer eben nicht von vornherein christlich geprägten profanen Gesellschaft. Daß dies eine, wenigstens unter bestimmten Gesichtspunkten, eher gesellschaftliche als theologische Beschreibung des Immer-neu-Werdens der Kirche ist, daß dieses Neuwerden immer die überlieferte Botschaft des Evangeliums und das von Christus herkommende Amt in geschichtlicher Treue zu übernehmen und anzuerkennen hat, ändert nichts an der neuen Art gegenüber früher, in der Kirche heute und in Zukunft wird. Der Glaube an Jesus Christus, der immer notwendig ist, damit man wirklich ein Christ in freier Entscheidung ist, bildete sich früher in einer Situation, die, auch profangesellschaftlich gesehen, mehr oder weniger ho-

mogen christlich war; heute muß dieser Glaube diese seine gesellschaftliche Sphäre selber bilden und tragen. Wenn so mehrere oder viele einzelne gegen den Druck einer profanisierten Gesellschaft Glaubende werden und sich vereinigen, bilden sie Basisgemeinden, bauen sie Gemeindekirche im Unterschied zu der Volkskirche früherer Jahrhunderte in dem Sinn, wie man das Wort Volkskirche verstehen kann, d. h. als Kirche, die und in der der einzelne Christ getragen war durch einen, auch in allen gesellschaftlichen Dimensionen institutionalisierten, Konsensus des Volkes im ganzen und so die Kirche nicht in einer Diaspora lebte.

Solche Basisgemeinden sind nicht als Gegensatz und Widerspruch zur überlieferten Kirche und ihren Institutionen zu verstehen. (...) Solche Basisgemeinden haben selbstverständlich die Pflicht, die Einheit mit der bischöflichen Großkirche aufrechtzuerhalten; sie müssen sich darum auch so als Glieder der Großkirche konstituieren, auch wenn es gewisse „Opfer" und Verzichte, von ihnen allein her gesehen, fordert; sie haben die legitimen und konkret erfüllbaren Gesetze der Gesamtkirche zu beachten; sie dürfen bei aller auch theologischen Eigenart, die sie haben mögen, keine sektiererische und häretische Eigentheologie entwickeln wollen; sie müssen sich selbstkritisch offenhalten für das Leben der Gesamtkirche in Wahrheit und Liebe und dazu auch konkret ihren Beitrag über ihre eigenen Grenzen hinaus leisten. (...)

Ich will versuchen, noch ein paar Sätze über ökumenische Basisgemeinden zu sagen. (...) Zunächst muß gesagt werden, daß solche ökumenischen Gruppen unter Christen erlaubt und notwendig sind. Alle Christen und alle Kirchen haben den Auftrag und die Verpflichtung, sich um die Einheit der Christen und der Kirchen zu bemühen. Dieser Auftrag ist heute dringlicher als je. Er kann aber nicht erfüllt werden, wenn sich nur das Amt in den Kirchen von oben um solche Einheit bemühen würde oder bloß die Theologen gelehrte kontroverstheologische und ökumenische Gespräche führen würden. An der Basis der Kirchen muß man sich kennenlernen, muß man näher zusammenrücken, müssen Fremdheit und gegenseitiges Mißverstehen abgebaut werden, muß zusammen gebetet werden, muß geistliche Erfahrung ausgetauscht und gemeinsam Verantwortung für die Welt, für die profane Gesellschaft getragen werden. (...)

Die Christen der einzelnen Konfessionen in solchen ökumenischen Gruppen müssen also, sollen sie ihr ureigenstes Anliegen nicht kompromittieren, in lebendigem Kontakt mit je ihren eigenen Kirchen bleiben, müssen deren, und nicht nur ihr eigenes Leben in Geduld, innerer Anteilnahme und selbstloser Liebe mittragen, müssen ein Sauerteig in den Kirchen sein, der nicht für sich allein bleiben will, sondern in der ganzen Masse des Christenvolkes einvermengt bleibt. Ökumenische Basisgruppen müssen, auch wenn es schwerfällt, die historische Last der alten Kirchen mittragen, lebendige Verbindung der Einordnung und des Vertrauens mit dem Amt der Kirchen aufrechterhalten und pflegen; sie dürfen sich in demütigem Stolz vielleicht als Vorhut der durch die Geschichte pilgernden Kirche empfinden, aber kein Heer sein, das, nüchtern gesehen, doch nur noch für seine eigenen Siege kämpft.

Ökumenische Basisgemeinden müssen in aller Freiheit, die einer Gemeinde von unten rechtens zukommt, sich immer als eingemeindet in den Kirchen empfinden, denen ihre Glieder lebendig angehören und angehören wollen, und zwar nicht bloß durch das Verhängnis der Vergangenheit; und sie müssen so der einen Kirche, die kommen soll, dienen wollen.

Aus: Karl Rahner, Schriften zur Theologie

Zusatzmaterial (ZM)

ZM 1 Karikatur von Werner Küstermacher

»Wir wollten mal wieder richtige Heiden sehen.«

ZM 2 Foto

Aus: H. Gutschera / J. Thierfelder, Brennpunkte der Kirchengeschichte

ZM 3 Wichtige Stationen auf dem Weg zur Definition des Unfehlbarkeitsdogmas

1846 – Beginn des Pontifikates von Papst Pius IX.

1854 – Definition der unbefleckten Empfängnis Mariens allein durch den Papst. Die Bitte einiger Bischöfe um Erwähnung ihrer Zustimmung wird abgewiesen.

1863 – Münchner Gelehrtenversammlung: Die meisten deutschen katholischen Theologen, Philosophen und Historiker von Rang treffen zusammen. Ignaz von Döllinger (1826–1890 Professor für Kirchengeschichte und Kirchenrecht in München) fordert als zweite Macht in der Kirche neben der Hierarchie die durch die Theologen zu bildende öffentliche Meinung. Papst Pius IX. spricht sich heftig gegen diese Versammlung aus und fordert von den Gelehrten eine volle Respektierung des ordentlichen Lehramtes.

– Kongreß von Mecheln: Graf Montalembert (Führer der liberalen Katholiken Frankreichs) fordert die „freie Kirche im freien Staat".

1864 – Enzyklika „Quanta cura" mit „Syllabus errorum": Verurteilung moderner Irrtümer, z. B. Pantheismus, Rationalismus, Sozialismus, Kommunismus, Forderungen nach staatlicher Schulhoheit, nach Trennung von Kirche und Staat, nach rechtlicher Gleichstellung anderer Konfessionen mit der katholischen Kirche. Die liberalen Kräfte in Europa reagieren scharf.

– Pius IX. eröffnet Kardinälen seine Absicht, ein Konzil abzuhalten, „um den außerordentlichen Bedrängnissen der Kirche abzuhelfen".

1865 – Befragung von Bischöfen nach einem Konzilsplan. Einige Gutachten befürworten die Definition der päpstlichen Unfehlbarkeit.

1868 – Erscheinen der Berufungsbulle Aeterni Patris: Einberufung aller Bischöfe, der Präsidenten der Mönchskongregationen und der Generaloberen der Orden (stimmberechtigte Teilnehmer).

1869 – 6. Feb.: Artikel in der Civiltà Cattolica (offizielle Zeitschrift der Jesuiten): In Frankreich würden die Definition der im Syllabus enthaltenen Lehren, vor allem aber die der Unfehlbarkeit des Papstes durch Akklamation erwartet.

– Döllinger weist in einem Zeitungsartikel („Der Papst und das Konzil") die Unfehlbarkeit des Papstes zurück.

– 8. Dez.: Beginn des Konzils (I. Vatikanum)

1870 – 18. Juli: Verabschiedung der Konstitution „Pastor aeternus", welche im letzten Kapitel die Unfehlbarkeitsdefinition enthält, mit 533 Ja- gegen 2 Nein-Stimmen. 60 Mitglieder des Konzils verlassen vor dieser Schlußabstimmung Rom.

M. Schmidt-Kortenbusch

ZM 4 Die Definition der päpstlichen Unfehlbarkeit (I. Vat., 1870)

Zur Ehre Gottes, unseres Heilandes, zur Erhöhung der katholischen Religion, zum Heil der christlichen Völker lehren und erklären wir endgültig als von Gott geoffenbarten Glaubenssatz, in treuem Anschluß an die vom Anfang des christlichen Glaubens her erhaltene Überlieferung, unter Zustimmung des heiligen Konzils:
Wenn der römische Bischof in höchster Lehrgewalt (ex cathedra) spricht, das heißt, wenn er seines Amtes als Hirt und Lehrer aller Christen waltend in höchster, apostolischer Amtsgewalt endgültig entscheidet, eine Lehre über Glauben oder Sitten sei von der ganzen Kirche festzuhalten, so besitzt er aufgrund des göttlichen Beistandes, der ihm im heiligen Petrus verheißen ist, jene Unfehlbarkeit, mit der der göttliche Erlöser seine Kirche bei endgültigen Entscheidungen in Glaubens- und Sittenlehren ausgerüstet haben wollte. Diese endgültigen Entscheidungen des römischen Bischofs sind daher aus sich und nicht aufgrund der Zustimmung der Kirche unabänderlich.
Wenn sich jemand – was Gott verhüte – herausnehmen sollte, dieser unserer endgültigen Entscheidung zu widersprechen, so sei er ausgeschlossen.

Dogmatische Konstitution über die Kirche (II. Vat., 1964)

(...) In diesem Falle (Wenn der Papst in höchster Lehrgewalt spricht) trägt nämlich der römische Bischof seine Entscheidung nicht als Privatperson vor, sondern legt die katholische Glaubenslehre aus und schützt sie in seiner Eigenschaft als oberster Lehrer der Gesamtkirche, dem als einzelnem das Charisma der Unfehlbarkeit der Kirche selbst gegeben ist. Die der Kirche verheißene Unfehlbarkeit ist auch in der Körperschaft der Bischöfe gegeben, wenn sie das oberste Lehramt zusammen mit dem Nachfolger Petri ausübt. Diesen Definitionen kann aber die Beistimmung der Kirche niemals fehlen vermöge der Wirksamkeit desselben Heiligen Geistes, kraft deren die gesamte Herde Christi in der Einheit des Glaubens bewahrt wird und voranschreitet. (...)

Aus: J. Neuner / H. Roos, Der Glaube der Kirche in den Urkunden der Lehrverkündigung

ZM 5 Deutsche Bischofskonferenz (1968) – Zur „Demokratisierung“ der Kirche

Das Zweite Vatikanische Konzil hat eine Erneuerung der Formen kirchlicher Ordnung eingeleitet. Die Betonung des Dienstauftrages der Kirche und insbesondere des kirchlichen Amtes sowie die Aufforderung zur tätigen Mitverantwortung der katholischen Laien stellen uns alle, Bischöfe, Priester und Laien vor die Aufgabe, uns um glaubwürdige Formen des Miteinander im Dienst des einen Apostolates der Kirche zu bemühen. Die auf den verschiedenen Ebenen gebildeten Räte eröffnen neue Möglichkeiten der Mitsorge und des Mitwirkens. Manche Aufgaben, die in früheren Zeiten ausschließlich von Priestern wahrgenommen wurden, können verantwortlich auch von Laien erfüllt werden. Das Konzil mußte aber selbstverständlich an dem Aufbau der Kirche festhalten, wie er sich aus dem Auftrag und der Sendung Jesu Christi ableitet. Im Volk Gottes setzt sich die besondere Sendung des Sohnes vom Vater her fort im Dienst der Apostel und ihrer Nachfolger. Die Kirche kann zwar gewisse Formen demokratischer Meinungs- und Willensbildung in Gemeinde und Diözese übernehmen, aber ihre Demokratisierung im strengen Sinne des Wortes ist mit dem Auftrag Jesu Christi nicht zu vereinbaren. Fragen des Glaubens, der sittlichen Normen und des sakramentalen Lebens können nicht durch Mehrheitsentscheidung gelöst werden. Hier gilt nicht der Grundsatz der Demokratie, daß alle Gewalt vom Volke ausgeht. Das kirchliche Amt ist hier vielmehr allein dem Herrn im Glaubensgehorsam verpflichtet. Darum bleibt auch die Last der Verantwortung im besonderen Dienstamt des Papstes, der Bischöfe und der Priester bestehen. Wir erhoffen uns jedoch aus der ständigen Zusammenarbeit mit allen Gliedern des Gottesvolkes wertvolle Hilfe, Bestärkung und Ermutigung in der Ausübung unseres Amtes.

Aus: Wort der Deutschen Bischofskonferenz (...)

Quellenverzeichnis

1 Jugendwerk der Deutschen Shell, Jugend vom Umtausch ausgeschlossen. Eine Generation stellt sich vor. Anthologie aus Beiträgen zum Aufruf Jugend '83, zusammengestellt von der Arbeitsgruppe Jugend '83 im Auftrag des Jugendwerks der Deutschen Shell. Reinbek bei Hamburg: Rowohlt 1984, S. 39 f.

2 a.a.O., S. 193

3 Der Spiegel Nr. 31/1988

4 Werner Trutwin, Klaus Breuning, Roman Mensing (Hrsg.): Wege des Glaubens. Religion – Sekundarstufe I, Unterrichtswerk für den katholischen Religionsunterricht der Jahrgangsstufen 7/8 (Neuausgabe). Düsseldorf: Patmos 1988, S. 175

5 Werner Küstermacher, Ewige Jagdgründe. München: Claudius-Verlag 1988. © W. Küstermacher / W. Baaske Cartoons

6 Publik-Forum Nr. 18/1987

7 Werner Trutwin (Hrsg.), Forum Religion, Arbeitshefte für den Religionsunterricht in der Sekundarstufe II, Nr. 4: Zeichen Gottes. Düsseldorf: Patmos o.J., S. 20–21

8 Plakat der Informations- und Pressestelle der Ev.-Luth. Landeskirche in Braunschweig, veröffentlicht als Werbung zur Kirchenvorstandswahl am 13. März 1988. Graphik: Klaus Fischer, Gauting

9 Neue Jerusalemer Bibel – Einheitsübersetzung mit dem Kommentar der Jerusalemer Bibel. Neu bearbeitete und erweiterte Ausgabe, deutsch herausgegeben von Alfons Deissler und Anton Vögtle in Verbindung mit Johannes M. Nützel. Freiburg, Basel, Wien: Herder 1985, S. 1559 f. und 1562 f.

10 a.a.O., S. 1582–1585

11 Heinz Zahrnt, Warum ich glaube. Meine Sache mit Gott. München, Zürich: R. Piper & Co. Verlag 1977, S. 347–350 (Auszug)

12 Hermann-Josef Venetz, So fing es mit der Kirche an. Ein Blick in das Neue Testament. Zürich, Einsiedeln, Köln: Benziger Verlag/Fribourg: Verlag Schweizerisches Katholisches Bibelwerk 1982[3], S. 91–101 (Auszug)

13 Holzschnitt, um 1546, von Lucas Cranach dem Jüngeren (1515–1586). © Archiv für Kunst und Geschichte, Berlin

14 Bisher unveröffentlichter Text des Herausgebers

15 Grundriß des Glaubens. Katholischer Katechismus zum Unterrichtswerk Zielfelder ru, herausgegeben vom Deutschen Katecheten-Verein, München, verfaßt von Gottfried Bitter, Adolf Exeler, Wolfgang Hein, Günter Lange, Wolfgang Langer, Maria Lorentz, Emil Martin, Gabriele Miller, Dieter Wagner (unter Mitarbeit von Rudolf Becker, Marie-Luise Fischer, Gotthard Fuchs). München: Kösel-Verlag 1980, S. 170 und: H. Gutschera/J. Thierfelder, Brennpunkte ..., S. 105; Wilhelm Brüggeboes, Geschichte der Kirche. Ein Lehrbuch für den katholischen Religionsunterricht. II. Teil: Die kirchliche Neuzeit. Düsseldorf: Patmos 1969[8], S. 12

16 Gerhard Boß/Hans Jörg Urban, Zum Thema „Martin Luther". Handreichung für Erwachsenenbildung, Religionsunterricht und Seelsorge. Paderborn: Verlag Bonifatius-Druckerei 1983, S. 46 f.

17 Johannes Feiner/Lukas Vischer (Hrsg.), Neues Glaubensbuch. Der gemeinsame christliche Glaube. Freiburg, Basel, Wien: Herder/Zürich: Theologischer Verlag 1981[16], S. 621–624

18 a.a.O., S. 626–630

19 Bisher unveröffentlichter Text des Herausgebers

20 Nach: H. Gutschera/J. Thierfelder, Evangelisch – Katholisch, Diaserie: 30 Dias. Stuttgart: Calwer 1980 – Begleitheft. Das Schema der Kirchenverfassung der katholischen Kirche wurde von mir leicht verändert (M. S.-K.) © R. Frieling / E. A. Ortmann, Katholisch und Evangelisch. Informationen über den Glauben. 7. überarb. Aufl. 1991. Göttingen: Vandenhoeck & Ruprecht

21 Materialdienst des VKR-Niedersachsen, Ergänzung zu 3–89: Kirche, Gegenwart und Zukunft (Juli 1991). Herausgeber: Wolfgang Christmann. Verlag Beate Christmann, Gieseckeweg 6, 3000 Hannover 51, Element E 3.89.19

22 Der Christ, Unabhängige Wochenzeitung für den innerkirchlichen Dialog, Berlin, 10. Janu-

ar 1969. Fundstelle: Theologisches Forum Heft 11. Texte für den Religionsunterricht, herausgegeben von Werner Trutwin: „Kirche und Demokratie“. Ausgewählt und bearbeitet von Klaus Breuning und Werner Trutwin. Patmos Verlag: Düsseldorf 1972[1], S. 78 f.

23 Jürgen Moltmann, Kirche in der Kraft des Geistes. Ein Beitrag zur messianischen Ekklesiologie. München: Kaiser 1989[2], S. 329 – 331 (gekürzt)

24 Hamburger Rundschau, 4. 9. 86. Fundstelle: Materialdienst des VKR-Niedersachsen, 3 – 89: Kirche, Gegenwart und Zukunft. Herausgeber: Wolfgang Christmann. Verlag Beate Christmann (s. o.), Element 3.89.7

25 Jörg Zink, Erfahrung mit Gott. Einübung in den christlichen Glauben. Stuttgart: Kreuz Verlag 1974[1], S. 377 – 378

26 Christian Duquoc, Kirchen unterwegs. Versuch einer ökumenischen Ekklesiologie. Aus dem Französischen übersetzt von Gabriele Nolte. Freiburg/Schweiz: Edition Exodus 1985, S. 128 – 131 (Auszug)

27 Klaus Huber, Lebens-Spuren. Gedichte und Gedanken. MS-Druck, Ötigheim

28 Werner Trutwin (Hrsg.), Forum Religion 4: Zeichen Gottes, S. 108 f. Der Petersdom in Rom: dpa. Kirche in Mali/Afrika: © missio aktuell, Aachen

29 Walbert Bühlmann, Von der Kirche träumen. Ein Stück Apostelgeschichte im 20. Jahrhundert. Graz, Wien, Köln: Verlag Styria 1989[5], S. 247 – 248 (Auszug)

30 Jürgen Moltmann, Die Sprache der Befreiung. Predigten und Besinnungen. München 1972, S. 74 f. Fundstelle: Werner Rück/Hansjörg Volk, Kirche für die Zukunft (= Projekte zur theologischen Erwachsenenbildung). Mainz: Grünewald Verlag 1974, S. 115 f.

31 Werner Rück/Hansjörg Volk, a.a.O., S. 210 f.

32 Materialdienst des VKR: Kirche, Ergänzung zu 3 – 89 (Juli 91), Element E 3.89.19. © Kirche Initiative von unten, Heerstraße 205, 53111 Bonn

33 Norbert Greinacher, Die Kirche der Armen. Zur Theologie der Befreiung. München 1980[2], S. 42 f.

34 Leonardo Boff, Kirche: Charisma und Macht. Studien zu einer streitbaren Ekklesiologie. Aus dem Portugiesischen übersetzt von Horst Goldstein. Düsseldorf: Patmos 1985[3], S. 226 f.

35 Flugblatt, genauere Quelle unbekannt

36 El Salvador 1987, herausgegeben von der Informationsstelle El Salvador

37 Bisher unveröffentlichter Text des Herausgebers

38 Fotografien aus dem Privatbesitz des Verfassers

39 wie 37

40 Materialdienst des VKR: Kirche, Ergänzung zu 3 – 89 (Juli 91), Element E 3.89.20 – W. Küstermacher / W. Baaske Cartoons

41 Georg Bienemann u. a., Labyrinth Leben. Düsseldorf: Patmos 1987[1], S. 201 – 205

42 Materialdienst des VKR: Kirche 3 – 89, Element 3.89.26

43 Karl Rahner, Schriften zur Theologie, Band XIV: In Sorge um die Kirche (bearbeitet von Paul Imhof SJ). Zürich, Einsiedeln, Köln: Benziger Verlag 1980, S. 265 – 272 (Auszug)

Zusatzmaterial (ZM)

ZM 1 Werner Küstermacher, Ewige Jagdgründe (s. o.). © W. Küstermacher / W. Baaske Cartoons

ZM 2 H. Gutschera/J. Thierfelder, Brennpunkte der Kirchengeschichte, S. 120

ZM 3 Bisher unveröffentlichter Text des Herausgebers

ZM 4 Josef Neuner/Heinrich Roos, Der Glaube der Kirche in den Urkunden der Lehrverkündigung, neubearbeitet von Karl Rahner und Karl-Heinz Weger. Regensburg: Verlag Friedrich Pustet 1971[9], S. 302 f. und S. 317

ZM 5 Deutsche Bischofskonferenz 1968: Wort der Deutschen Bischofskonferenz zu Fragen des Glaubens und des kirchlichen Lebens vom 28. Dezember 1968, zit. n. Kirchliches Amtsblatt für die Diözese Osnabrück, 85. Jg. 1969, Nr. 1. S. 171. Fundstelle: W. Trutwin, Theologisches Forum 11: „Kirche und Demokratie“, S. 77